U0811758

犀利销售

习永斌　著

電子工業出版社
Publishing House of Electronics Industry
北京·BEIJING

内容简介

如何成为一名成功的销售人员？本书由浅入深，分五个层次介绍不同阶段的销售人员所应具备的能力和素质。书中包含大量鲜活的案例，全部来源于作者十余年的销售经历和管理经验。

本书内容不仅适用于销售业务人员，书中所讲述的做人做事的基本原则、基本职业素养、对事物的分析能力、战略战术等内容，同样适用于各种工作场景。

无论你在做销售业务过程中遇到难以解决的问题，还是在工作中遇到了困难，甚至在生活中遇到了麻烦，都可以从本书得到无尽的启发。

未经许可，不得以任何方式复制或抄袭本书之部分或全部内容。
版权所有，侵权必究。

图书在版编目（CIP）数据

犀利销售/刁永斌著. —北京：电子工业出版社，2020.1

ISBN 978-7-121-32859-6

Ⅰ.①犀… Ⅱ.①刁… Ⅲ.①销售－通俗读物 Ⅳ.①F713.3-49

中国版本图书馆CIP数据核字（2017）第244104号

策划编辑：郭景瑶
责任编辑：雷洪勤
印　　刷：三河市华成印务有限公司
装　　订：三河市华成印务有限公司
出版发行：电子工业出版社
　　　　　北京市海淀区万寿路173信箱　　邮编：100036
开　　本：720×1000　1/16　印张：16.25　字数：224千字
版　　次：2020年1月第1版
印　　次：2020年1月第1次印刷
定　　价：48.00元

凡所购买电子工业出版社图书有缺损问题，请向购买书店调换。若书店售缺，请与本社发行部联系，联系及邮购电话：（010）88254888，88258888。

质量投诉请发邮件至zlts@phei.com.cn，盗版侵权举报请发邮件至dbqq@phei.com.cn。

本书咨询联系方式：（010）88254210，influence@phei.com.cn，微信号：yingxianglibook。

PREFACE
序 言

每个人都是自己最好的销售

武雪松

习永斌是我以前在Oracle公司的老同事，也是北京大学国家发展研究院BiMBA商学院的校友。他郑重地交给我一份书稿，嘱我为之作序。拜读之下，原来这部《犀利销售》是他对于自己过去十几年成功的销售生涯的总结和提炼，也是一部销售方法论与案例集。更可贵的是，他将理论与一手原创案例紧密结合，让本书读来饶有兴趣，别有洞见。

销售的终极意义：每个人都是自己最好的销售

在我看来，销售的技能绝不是只有“销售人员”才需要具备的。销售，是每个人人生中都需要具备的技能。当一个大学生毕业后，希望获得一个理想的工作机会时，面对面试官他需要销售的能力；年轻人渴望父母接受之前并不被父母了解、喜爱的女（男）朋友时，他（她）需要销售的能力；甚至当父母盼望子女去做那些“正确”的事情时，除了说教与威逼利诱，他们也需要销售的能力。说到底，在生活中所有人都需要把自己的想法“卖”给他人，让他人发自内心地接受。

我认为，销售能力的核心在于“建立与他人的信任”。信任是所有销售的起点与支撑（当然，前提是多次博弈，而非单次博弈）。我永远难忘刚在惠普公司开始IT行业的销售生涯时，时任惠普公司中国区总裁孙振耀讲的一个故事。他早年刚在惠普做销售人员时，其中一个客户是科技园区的企业，他非常希望把惠普的产品卖给对方。于是他不断写信（那时销售都是通过写信加拜访）给客户的技术主管，介绍自己产品的优势，但是始终无法打动客户，一次次碰壁，每一次客户都不认可他的想法。一段时间以后，非常沮丧的他去请教自己的销售主管。这位睿智的主管听了以后问他：“客户不喜欢的到底是你的产品还是你的人？”于是，孙振耀有如醍醐灌顶，重新调整思路，以建立人的信任为始，以产品销售为终。

销售的核心挑战：如何形成“专业技能”

销售部门往往是一个企业最为核心的业务部门。然而，对于那些把销售当作职业的人来说，真正的挑战是如何形成销售的“专业技能”。医生、会计师、律师等专业人士，以及企业里的财务人员、工程师等，他们的专业技能都与工作时间正相关，其经验的积累至关重要。对于销售人员，谁能说资深的技能和效果就会更好呢？相反，我们都知道，销售有“吃青春饭”的说法。正如郭德纲老师说的，人人都会说话，为什么要花钱来听你说话（相声）呢？

习永斌的这本书，恰恰系统性地回答了这个问题。销售的技能是有框架、有体系的，这就是销售的流程管理及方法论。本书分五个层次，构建了销售所需要具备的能力禀赋模型。

本书的案例都来自作者在外企十几年一线销售及销售管理工作的实践，理论的提炼则得益于他在商学院的系统学习与自我梳理。这本书对我们中国的企业同样具有重要的借鉴意义。如何解决企业的重要客户关系不随销售人员的流动而变化？如何管理重要的客户数据和销售机会才能使客户真正属于企业而不是个人？以上这些问题都可以在本书中找到答案。

销售专家的自我修养：持之以恒

在我的IT外企生涯中，共事过或认识的销售可谓数以百计。为什么身边唯有刁永斌写出这样一本著述？阅读了书稿，才知道这是他写了十几年的一本书。他说，当他开始做销售业务的时候，他就开始写这本书了。在他当时的老板给他讲解做业务的方法，做人、做事的基本道理的时候，他每一次都仔细地记下这些内容，然后仔细揣摩，加以运用和验证。职业生涯中他认为最重要的原则之一就是坚持，我想这也是他能完成这本书的原因。

由于近年我从IT行业跨界到了体育行业，不禁切换视角进行了跨行业的对比。日本知名足球运动员中村俊辅的自传《察知力》中提到，他十几年如一日地记录“足球笔记”，把当天训练、比赛的得失与领悟，与教练、队友的交流都记录下来。长期的努力与积累，才使一名身体条件非常普通的亚洲球员得以在欧洲一流联赛立足。无独有偶，在我和“中国唯一懂得跑位的前锋”（里皮语）张玉宁的交流中，他也提到从在青年队开始，他也几年如一日地写训练日记，以及不断观看、揣摩几位他认为最佳前锋的跑位和技术细节，这对他球技的提升至关重要。这种刻苦练习，辅以锲而不舍的长期坚持，是任何领域的一流人才都需要具备的特质。

除了销售业务人员及销售管理人员，大学毕业生和企业非销售部门的高管都可以参阅本书。鉴于销售的核心是“建立与他人的信任”，是把我们的想法真正“卖”给别人，是“人”先被认可，“事”再被认可，所以，我觉得每个人都可以是这本书的读者。

武雪松

合力万盛国际体育发展有限公司CEO，体育投资人，荷兰甲级联赛海牙俱乐部监事会副主席。此前担任上市公司天玑科技股份有限公司董事、副总裁，曾任职甲骨文（Oracle）软件公司、中国惠普公司，历任区域销售经理、行业销售总经理。2009年起在北京电视台及互联网平台担任足球评论嘉宾，亚足联（中国足协）A级教练培训特邀讲师，支教公益组织“为中国而教”理事长。

让“贼”和洛卡德相遇

宋力光

世上的“贼”有三种。

第一种“贼”偷物体，比如口红、手表、车子、票子，甚至飞机上的毛毯，只要是有形的、拿得走的，他们都会偷。这种“贼”最终会把自己送到监狱里。

第二种“贼”偷时间。世间诸般琐事都是要件，构成时间这把“杀猪刀”。

第三种“贼”偷人心。佛门山庙前央求你多买些香火的小贩，催你泪下的爱情电影，煮出一碗阳春面的深夜食堂，这些行为背后的无形的心理需求，他们都会偷。

第三种“贼”是人心的捕获者，他们是世界上伟大的销售大师。只要偷得你的人心，你的时间、财物和注意力都会随着你的关切之心而不断发生流转。

心理学家发现，人的大脑里有一种神经元叫镜像神经元。当你发现别人做的事情正是你所关注的时，你会拥有类似的情绪、感受和体验，就像照镜子一样，产生对称的镜像反应和感受。比如你看到妈妈切菜时手指被刀切破了皮，流了血，你自己也会疼一样；比如你在电视里看到俊男美女用了某个品牌的洗发水后长发一甩，露出自信美丽的笑容，你会以为你用了这个牌子的洗发水后也会有这样的自信。

于是，最终我们会发现，所有的销售，售卖的都不是产品，售卖的是人心和欲望。销售的水平高低比拼，其实最终比的也不是产品的属性和性价比，而是你对客户群体人心阅读能力的理解。

习师兄的这本《犀利销售》讲的就是这样的读心者和“偷心贼”的道和技，以及他们背后的故事。

在本书中有个实例十分生动，那就是作者总提到的“贼不走空”，即每一次与客户见面都要传递一些信息，植入一些心锚，再不济，也一定要在见面中对客户有更多的理解，能观察到或感受到客户的喜好。

这样的方法和技能才是能阅读人心和获取人心的犀利销售。

《犀利销售》就带你去做这样的“偷心贼”和可以植入心锚的销售大师！

其实西方犯罪心理学和罪证学领域有个大师叫洛卡德。他认为罪犯在犯罪现场一定会产生不同于观层级的痕迹和物质交流，哪怕是细微到表面灰尘的移动。

本书就是这样一本把“贼不走空”与“洛卡德物质交换原理”交汇在一起的精心之作。它为你清晰地勾勒了要成为卓越销售大师需要搭建的五层能力体系；它帮你区分什么是“一脸真诚而聪明地讲话”，什么是“一脸聪明而真诚地说话”；它为你分享类似“五次反击战”这样剧情跌宕起伏的超级销售大单，这是笔者本人的坚持和各种资源的整合，是“守得云开见月明”的真实经典销售案例的复盘和解析。

按照洛卡德物质原理，当我们打开本书时，我们就在和这本书以及这本书背后的故事不断发生着充分的物质交流和信息交流。翻开每一页，扑鼻的是付梓墨香，映入脑海的是一个个真实而鲜活的管理场景和经典销售案例，引发我们思考的更是每个场景和每个人物销售视角下的心智模型分析和管理心理学的教练式指导。

最后，我们再次回到这个“贼”。

王阳明大师说："破山中贼易，破心中贼难。"其实，阻碍我们成为销售大师的，不在于技而在于道，不在于我们知识储备的"外在拥有"，更在于我们是否"内在成为"的身份定位！

本书可以破除你心中之"贼"、打破你的自我设限，让你从销售达人成长为销售大师。

《犀利销售》让"贼"和洛卡德相遇，也让你和销售大师的成长历程相遇，更让你我相遇。

宋光力

北京大学心理系本科毕业，清华大学心理系研究生毕业，香港大学CCLD企业教练，德国LPE 领导力认证教练，中挪班精神分析咨询师，中德班认证催眠治疗师，教育部出国留学服务中心特聘专家，云南卫视特邀心理嘉宾，上海台《我们正青春》演说嘉宾，国家二级心理咨询师，具有十余年的心理学专业学习和从业经验。

INTRODUCTION

前 言

本书是笔者15年销售与管理工作的心血结晶。

15年前，笔者开始了销售代表的工作。在没有客户积累、没有销售经验、没有人脉关系、不懂营销理论、不懂人情世故、情商基本为零的状况下，开启了从零开始的销售工作之旅。

15年的历程，不是一个轻松的过程，笔者历经艰难而没有放弃，通过勤奋学习、努力争取，最终自己熬了过来，成为一名卓越的销售经理，最后还拿到了公司的全球大奖。

在本书中，笔者以亲身经历的案例为基础，详细分析了销售过程涉及的各种技巧、方法和原则。读者如果能够细心揣摩，仔细研读，必将能够在成长的道路上少走弯路，取得更大的进步。

如何才能成为一名成功的销售业务人员呢？本书把一名成功的销售人员应该具备的能力和素质分为五个层次来讲解。

第一层：具备良好的人际交往能力。

有句老话，“先学会做人，才能学会做事”，讲的就是这个道理。在现实中，由于不懂得如何处理人际关系，导致同事不睦、事业受阻，甚至家庭不和的情形比比皆是。本书揭示了人际关系的根本规律。作为一名销售人员，在学习专门的销售方法理论之前，必须先懂得如何做人、如何说话，才能赢得朋友，从而赢得机会。

第二层：具备做事的基本原则。

如果在人际关系方面过关了，就来到了第二层，即具备做事的基本原则。要想成功地做好销售业务，只懂得维护人际关系是远远不够的，还有一些最基本的原则必须遵守。这些原则包括：正确选择、坚持到底、保持清醒、怀疑一切、无所畏惧。具备这5种做事的基本原则，就具备了成功的基础。

第三层：具备良好的职业素养。

具备了5种做事的基本原则，要想在事业上取得成功，还必须具备良好的职业素养，这就来到了第三层，即具备良好的职业素养，包括自律、有趣、聪明及冷静。如果能具备这几种良好的职业素养，基本上不仅可以做一个好的销售人员，还有希望上升到管理层。

第四层：具备优秀的决策机制分析能力。

具备以上的能力和素养以后，就可以来到第四层，即具备优秀的决策机制分析能力。一个招标过程会涉及很多环节，比如用户中多个决策人所形成的决策链、竞争对手、合作伙伴等，这些不同的角色相互之间会有复杂的利益关系，形成对自己或有利、或不利的因素。对于各种因素如何相互作用，需要做出准确的判断，从而对局势了然于胸。

第五层：具备战术组合分析能力。

具备对复杂局面的分析能力之后，就可以看清楚局面了，然而能够看清楚局面，更需要有掌控局面的能力。这就来到了第五层，即具备战术组合分析能力。这部分大概是全书最迷人的地方了。古人有纵横之术及各种兵法，现代有博弈论，这些讲的都是各种竞争战术。恰当使用这些战术，就可以控制局面。所以，战术的运用是一个高级课题，如果能参透第五层，做任何事情都会无往不胜。

本书书名的关键字是“犀利”。对于一个经验丰富的销售人员来说，看见这两个字估计会露出会心的微笑，而对于销售新手来说，可能一下子会有点困惑：“犀利销售？这是一种什么销售技术？”

实际上，犀利销售不是一个单一的技巧，而是一种境界。它对销售人员的要求非常高，指销售人员能够准确地看透客户的想法，能够深刻地认识竞争态势，能够找到很有效的销售方法，并能一针见血地打动客户或击败竞争对手，从而以较低的投入成本结束战斗。

在现实中，“不犀利”的时候比较多，想做到“犀利”则需要多年的积累才行。比如，在工程项目招标中，销售人员很容易犯的一个错误是搞不清楚用户究竟对价格更敏感，还是对产品的品质更看中。这是很常见的“不犀利”。

有一句流行语“客户虐我千百遍，我待客户如初恋”，就是非常典型的“不犀利”。销售人员把握不住客户真正的想法、需求和软肋，客户在销售人员的眼里很神秘，销售人员不知道怎么去打动这个客户，而只能被动地去接触客户，寄希望用初恋般的热情去打动客户，投入大量的时间和精力，最后很可能被客户厌弃，一无所获。

当然，想要做到“犀利”，不浪费时间和精力，快速准确地读懂客户、读懂竞争态势，能够投其所好地打动客户，对竞争对手一剑封喉置之死地，需要多年的学习、积累和磨炼。希望通过阅读本书，读者能做到更加“犀利”，减少误判和无谓的投入。

事实上，本书的内容不仅适用于销售业务人员，其中所描述的做人做事的基本原则、基本职业素养、对事物的分析能力、战略战术等内容，同样适用于各种工作场景。只要你希望取得事业或人生的成功，都可以参考本书，从而提高自己在社会上的生存能力和发展能力。无论在做销售业务过程中遇到难以解决的问题，还是在工作中遇到了困难，甚至在生活中遇到了麻烦，你都可以从本书中得到启发。

除了销售业务人员及销售管理人员，建议以下两类人群可以仔细阅读本书。

一类是刚刚大学毕业、即将走上工作岗位的毕业生。我并不是建议大学生毕业以后都去做销售工作，而是希望他们在走上职场之前，能够充分学习做人做事的道理和智慧，为适应日后的工作做好充分的准备。这些道理和智慧，学生在学校里并不一定学过，但是在职场上非常重要。明白这些道理，在职场上可以少走弯路。

另一类是非常优秀的专业人员。这些人，非常聪明能干，往往能在一个大企业里担任一些高级职务，比如技术总监、法律总监、财务总监等。这些人因某种专业技能比较强而走上了管理岗位，处处被人尊重和礼让，时间久了，他们做人做事的能力逐渐退化了，随着专业能力的提升、位置的提高，情商反而越来越低了。这些位置很高的专业人员，在职位达到一定高度时，其职业生涯反而可能遇到重大挫折，同时其家庭生活也会遭遇同样的变故，从此一蹶不振，人生开始走下坡路。我希望本书的内容能给他们以警醒，使其不断修正自己的言行，让自己的情商与谋略匹配自己的社会地位，从而避免断崖式的人生挫折。

最后，我要衷心地感谢我工作过的公司和帮助过我的领导们，正是通过一个个项目的激烈竞争及领导的深刻教导，让我悟出了这些卓越之道，让我面对人生和工作的挑战时，不惧困难，让我怀着自信、勇气和决心，迈向新的人生境界！

我还要感谢我在北京大学读EMBA的这段时光，这段时间的学习训练，培养了我理性思考的能力。通过细心学习市场营销学、博弈论、领导力、心理学等课程，我能够静下心来总结和思考在工作中的各种经验和教训，使我的想法具有了理论深度，从而把我在实践中得来的经验与理论相结合，变成更科学、可推广的理论体系。

习永斌

2019年9月

CONTENTS
目　录

THE INCISIVE SALES

第一章 人际关系的奥秘

要做一个合格的销售员，首先要研究的就是“人际关系”，必须精于人际关系，熟悉人情世故，才可能成功。其实，人际关系不只对销售人员很重要，对其他行业的人员也很重要。而且不只是在职场上，在日常生活中，人际关系也同样重要。可以说，处理好人际关系，是幸福人生必修的基本功课。

“人际关系”是指人与人之间的情感因素。可以用“情感账户”来比喻人际关系，你给予另外一个人好处，可以认为你是在往他的“情感账户”中存款，而如果你让别人有损失或者不开心了，可以认为你从别人的“情感账户”中提走了存款。“情感账户”中存款多了，就可以认为你们的人际关系改善了，反之则认为人际关系倒退了。人际关系是如何形成的呢？人与人之间的情感关系与相处的时间、相处的质量、机缘、共同的经历、共同的想法、喜好、思想、观点、兴趣爱好、重大事件等都有关系。以下是笔者观察到的在日常生活中处理人际关系的一般性规律。

人际关系形成规律

人际关系的形成机制比较复杂。俗话说得好：“没有无缘无故的爱，也没有无缘无故的恨。”人与人之间的感情关系是如何形成的呢？简单分析如下：

1. 各种共同的经历。同学、同事、战友、师生、队友、舍友、邻居、玩伴等都是共同的经历，有了这些共同的经历，人与人才有机会相识、交往、交流、分享、合作，当然，也有可能是互相争斗、陷害。所以，“共同的经历”是凝成友谊的基础。

2. 有付出同时有回报。付出与回报是铸成友谊的必需元素。

3. 除经历以外其他的共同点。这包括相同的世界观或者其他重大观点、共同的爱好、共同的困扰等。“共鸣”是铸成友谊的催化剂。

4. 理解和尊重。“理解与尊重”是化解分歧、改善友谊的良药。

5. 时间是必要因素。人与人之间的情感是“日积月累”的。“日久生情”“远亲不如近邻”说明友谊与时间有关，长期的相处、点点滴滴的付出、潜移默化的影响，会积累出巨额的情感账户的储蓄；因此，“交往时间”对形成人际关系很重要。

我们用五个因素来分析了形成“友谊”的基本机制。我们可以把两个人之间的情感比作一个账户，姑且称为“情感账户”，这个账户表示你从别人那里收获的“感情”，你付出了“爱”“时间”“关心”“钱”“帮助”“共鸣”“分享”等会为你的情感账户添加储蓄，如果你付出的是相反的，比如：“漠然”“不合作”“伤害”，或者根本不付出、不回报，你的情感账户将减少储蓄。

情感账户不管是正的还是负的，其储蓄越多，对人的影响力就越大。

人际关系，是个人影响力的基础。好的人际关系有助于提升影响力，但是不等于影响力。

人与人之间通过以上五点的作用，可以形成好的人际关系，通常说的“朋友”应该就是指的这种正向的人际关系。当然，也有负面的人际关系。

人际关系突变规律

那么，是不是交往的时间长，人际关系一定就好呢？这个也不一定。人际关系有时也是“一蹴而就”的。时下有一句流行的句子叫“友谊的小船说翻就翻”，非常形象地道出了人与人之间的关系往往会因为一些重要事件而受到重要影响，呈现“跃进式突变”，这就是“人际关系突变规律”。一些里程碑式的事情可能会对你的情感账户产生巨大的影响，进而对人际关系产生较大的影响。比如，亲如姐妹的两个闺蜜，可能因为抢一个共同喜欢的男性，多年的亲密关系就此破裂；两个铁哥们，因为争夺同一个工作机会而撕破脸皮；两个普通朋友，一个在别人困难的时候帮了别人一把，两个人就成了特别要好的朋友，等等。

对于某人的印象，往往受最近发生的事件的影响比较大。两人之间也许经常交往，但是相互之间的感觉往往是最后一次交往的感觉，而非每次交往感觉的总和。比如，你一直对一个朋友很好，对他付出很多，而最近因为观点不同，你们之间发生了争吵，他可能会因此就只记得你这次争吵，而把你原来的好全部忘记。

所以，如果只是平平淡淡地交往，人际关系不容易跃变。明白了这个道理，我们会懂得去把握机会。如果你想促进和别人的关系，记住要抓住一些机会，在别人需要的时候伸出手，往往会迅速拉近双方关系。同时，在交往中，不要由于冲动等原因，做出具有负面影响的事情，从而使双方关系又迅速破裂。

懂得“人际关系突变规律”，会更擅长抓住机会提升人际关系。同时要懂得“人际关系的惯性定理”，这对于日常维护人际关系很有帮助。大家可以仔细琢磨一下，维护一段友谊容易呢还是建立一段新的友谊容易？要建立一定的关系不容易，需要付出努力；一旦形成了一定的关系，要改变也不容易。相对来说，改变一段关系比维护一段关系所需要的成本更高。也就是说，要维护一段关系比从头建立一段关系更容易一些。

人际关系的惯性定理

现实生活中，注意到“人际关系突变规律”的人比较多，有些对“人际关系的惯性定理”就不那么善于利用了。随着年龄的增长，人们越来越希望自己有一个更好更大的朋友圈，以便在需要时可以找到能帮到自己的人。其实人们在从小到大的生活工作中会认识许多人，许多曾经如胶似漆的朋友，过几年后似乎就消失了，再也不联系了。

咱们处理人际关系有一个重大的误区，一边在费劲地建立一些友谊，一边却在轻易地抛弃已经形成的珍贵的友谊。想一想吧，你曾经有一个特别好的朋友，你们无话不谈，推心置腹，可以两肋插刀。多久没有联系了？很可能现在你已经找不到他的电话了，他好像去了月球一样，你们再也不联系了。再见时，曾经

图 1　有多少珍贵的友谊就像猴子掰玉米一样被随意地丢弃了

的好友好像陌生人一样。

估计大家都曾经有过这样的感觉。交过很多朋友，但是身边剩下的没有几个。根据“人际关系的惯性定理”，你维护一个已有的关系比建立一个新的关系成本要低。所以，以后当你获得新的朋友时，不要忘记老朋友，花一点点有限的时间，也许只是一个简单的电话，就能让你的朋友不会忘记你。日积月累下来，你会发现，你的朋友一直都还在，而且越来越多。

所以，从头建立一段人际关系是最困难的，想把这段关系维持住会简单很多。而要想毁掉一段关系却非常容易。

笔者最近在看电视剧《雍正王朝》，对其中的一个镜头颇有感触。雍正刚刚登基时，有一个王爷在朝廷上对刚继位的皇帝极其不敬，此时，皇帝正想发作，低头看见自己龙案上的一幅字：“戒急用忍”，马上就忍住了没有发作。一旦发作，皇帝和这个王爷的关系就算是彻底决裂了。现实中，如果你因为对一个人不满意，对其发脾气或者恶语相向，马上就会严重伤害你们两个人之间的感情，对关系造成不可逆的损害。所以，要想毁掉一段关系，可能只是简单到一句话而已。

人人都需要良好的人际关系，普通人也会关注人际关系。但

图 2　“戒急用忍”，这是人际关系中的金玉良言

是普通人对于人际关系的关注是停留在无意识状态，是跟着感觉走的，所以普通人在人际关系方面的能力是十分有限的。比如，每个女孩都有几个“闺蜜”，一般男孩都有几个“死党”，这些都是无意识形成的友谊关系，很真实，但是数量十分有限。作为一名业务人员，不能只靠无意识的感觉来维护人际关系，必须有意识地建立一套良好的工作习惯和方法来建立、提升自己的人际关系，培植自己广泛而扎实的“朋友圈”。这里给业务人员几条实用的建议。

1. 建立培养人际关系的“意识”

把无意识的人际关系培养过程转变成“有意识”的人际关系培养过程。有一种说法，“人应该有的60个朋友”，是指一个成年人应该至少有60个保持联系的好朋友，这些朋友应该有不同的职业，比如，医生、老师、官员、律师等，有这些不同职业和身份的朋友，在你需要帮助的时候，可以找到合适的人。作为一个职业销售业务人员，你更需要有意识地培养你的圈子，为自己培养一批好朋友，他们能够支持你的事业发展。所以，一个职业销售人员，需要选择一些朋友，主动地保持与这些朋友的联系，定期与之交往，有意识地与他们增进了解，让他们成为自己的人生资源。

2. 掌握培养人际关系的时间点

常言道：“书到用时方恨少”，我要说：“关系到用时方恨少。”对于一个职业的销售业务人员来说，维护好人际关系是至关重要甚至是生死攸关的。而且这是一个长期且持续的工作，并不是有了项目才去与决策人搞好关系。平时积累的有效人际关系太少，在需要时临时去送礼、求人都不管用了。所以，需要在平时去培养人际关系。平时必须对客户、合作伙伴等人员进行完善的分类管理，并按照一定的方法与之建立并长期保持良好关系。

3. 培养人际关系要有眼光

我们在“建议1”里建议你与那些有价值的人去培养关系。这个时候，你要有眼光。有些人，可能暂时没有价值，或者有些人，暂时落了难，需要你的帮助，这个时候，你不能只看眼前，认为他没有价值，我们需要一种有眼光、有远见的“势利”，不能只看眼前的“势利”。在别人发达的时候去搞人际关系，成本很高，而在别人低谷的时候去搞人际关系，是在“抄低价”。一定要有长远的眼光！

4. 进入一些“圈子”

人们在工作、生活中会形成“圈子”，工作上的（工作关系，同事、上司、下属、合作伙伴、客户）、上学的（同学）、兴趣爱好的（球友、票友等）。其他还包括同乡关系、行业协会等形成的圈子，当然，家族关系也是一个圈子。圈子对人际关系有较大的影响。作为一名业务人员，经营好圈子非常重要。

5. 注意“人际关系半衰期”

放射性元素的原子核有半数发生衰变时所需要的时间，叫半衰期（Half-life）。随着放射的不断进行，放射强度将按指数曲线下降，放射性强度达到原值一半所需要的时间叫作同位素的半衰期。放射性元素的半衰期长短差别很大，短的远少于1秒，长的可达数百万年。就像放射性元素都有一个“半衰期”一样，人际关系热度也是按照指数曲线下降的。过了半衰期之后，人际关系基本上就消失了。按照经验，普通人际关系的半衰期大概为半年，也就是说，如果半年没有联系，人与人就会变得陌生。因此，业务人员要主动与朋友们联系，周期性地刷“存在感”，否则，大家就会形同陌路。

“求同”规律

大家都知道一个“异性相吸”的规律，其实，并非只有人类具有“异性相吸”的现象，在其他事物中也都普遍存在。但是，在人际关系中，却不是异性相吸，而是“同性相吸”。在人际关系中，“求同”的现象非常明显。在人们相处的过程中，相似的个性、心态、社会地位、价值观、喜好、爱好、思想、观念、经历等会使人感到愉悦。相同的相处时间，会有不同的相处质量，从而产生不同程度的“友谊”，这种现象，就是“同性相吸”。

人际关系“求同”的现象大家其实都不陌生，社会上流行这样的俗语："一起扛过枪，一起下过乡，一起同过窗。"哪些人相互之间关系好呢？是一起干过大事的人关系好！所以大家如果有事，都会找这些有过共同经历的人。

上面这些一起干过"大事"的人，是因为共同的经历而拥有较好的关系。很多其他的共同点同样会促进人际关系良好发展。比如共同的爱好、想法、理念、价值观等，这些都容易使人产生共鸣，从而促进人际关系良好发展；反之，如果人们在这些方面不同，则不容易产生共鸣。有一句老话描述了这种情况，叫"话不投机半句多"，说的就是这个道理。

了解到这个规律之后，业务人员与客户的交往就要非常注意这个问题，要找到与客户的相同点，尽可能地求同。在拜访客户之前，应该先调查研究一翻客户喜欢什么？看看客户是哪个学校毕业的？曾经在哪里工作过？老家在哪里？星座是什么？喜欢喝酒吗？当你对客户有了这些了解之后，拜访的时候就会有的放矢。如果正好发现你和客户是老乡，或者在同一所学校念过书，或者都喜欢喝酒等，即便是这些都没有，如果能在谈话时，顺着客户的喜好去谈，勾起别人的同理心，引起共鸣，那也会获得不错的效果。

- ☑ 她喜欢什么？
- ☑ 她是哪个学校毕业的？
- ☑ 她曾经在哪里工作过？
- ☑ 她老家在哪里？
- ☑ 她的星座是什么？
- ☑ 她喜欢喝酒吗？
- ☑ 她单身吗？
- ☑ 她是什么性格特点？
- ☑ 她的宗教信仰？
- ☑ 她什么口味？

图 3　拜访客户之前的清单，看看可以找到哪些共同点

践行“感恩”理念

前面讲过“友谊的小船说翻就翻”。友谊是脆弱的，一点小事就能让一对好朋友翻脸。然而，对于一个销售业务人员来说，有很多人际关系是自己花时间、花精力用心维护起来的，如果说翻就翻了，岂不是很亏？所以，对于一个销售人员来说，不能让友谊的小船说翻就翻了。

要想让友谊的小船平稳地行驶，必须要有“感恩之心”，并且践行“感恩”的理念。要有感恩之心并非易事，感恩意识的建立就更加不容易了。然而，一个人如果有了感恩的意识，并能在实践中践行感恩的理念，此人必定容易原谅别人的不是，增加别人情感账户的储蓄，从而赢得稳固的友谊。

要想有能力践行“感恩”理念，必须对人性的相关方面有深入的认识，并且有应对之策。

人们很容易记住自己对别人的好，却很容易忘记别人对自己的好。比如，假如有的人曾经借给别人一些钱，通常你会记得比较清楚；但是如果是反过来，你借了别人一些钱，则很容易就忘记了。在日常生活中，人们总是把对别人的点滴的好记得非常清楚，但是很容易忘记别人对你的好。中国古人早就注意到这种不平衡，古人为了提醒大家记住别人的好，就说过：“滴水之恩，当涌泉相报。”这句话提醒大家，哪怕是很小一点的好，也要努力记住，并且适时回报。如果你在这个方面能比一般人做得好，你就会获得额外的友谊。

与此相对应，人们虽然很容易忘记别人的好，但是却非常容易记住别人的不好，这就是“记仇”这一个词的由来。你看俗语中没有“记好”这个词，却有“记仇”这个词，充分说明了普通人不容易记得别人的好却容易记住别人的不好这个特点。人们有时会鄙夷地评价另外一个人“这个人很记仇”，殊不知，人人都好记仇。

同时，人们虽然能把对别人的好记得很牢，却很容易忘记自己对别人的不好。如果你对朋友有所亏欠，请立即弥补，比如你曾经做过一些事情让别人不满意（哪怕是非常琐屑的小事），或者曾经说错话得罪过别人，那么你最好花点力气去弥补一下，否则，别人可能一直，甚至一辈子，都不能忘记你的错误。

了解到人人都有“选择性健忘症”后，以后当别人不念叨你的好、却记住你的些许微小的失误的时候，你就非常豁达了。你无须为此而感到不愉快，这很正常，很多人都是这样，你自己也经常这样。

反过来，如果你希望自己人生成功，那么你自己就不要指望别人像你自己那么豁达，你要克服自己这样的“健忘症”。

实践中，为了克服自身的“选择性健忘症”，我们要做到时时去践行“小感恩”的行动。当朋友对你做了一件小的好事时，比如，给你介绍认识了一个你所需要的人，费劲帮你翻找出一份旧的文档，借了一些钱，或者帮助你做成了一件事情，等等；你不要认为别人理所当然就应该这么去帮助你，也不要忘掉在你做成一件事情时曾经有人帮助过你（也可能是无意帮上的忙），你最好要有所回应，比如，打电话明确地表示感谢，或者赠送小礼品以表示感谢。有时，当时赠送礼物会显得太功利，别人可能不

图 4　一个小小的表示换来对方真诚的友谊

接受，你可以记下这个事情，待到好的时间点再去表示。比如，到节假日时，比如中秋、元旦等，在这种适合送礼的季节，你不要只记着给自己的女友送礼物、给达官贵人送礼物，还要记着给曾经帮助过你的人也送一点礼物。相信别人收到这意外之礼会很惊喜，你会为此多一个更好的朋友。

学会说话

懂得说话是销售人员的必备基本功。语言有多重要？无论怎么想象都不过分。因为一句话拿下一个项目，或者因为一句话彻底丢失一个客户的例子屡见不鲜。

有一个关于语言的段子，值得所有销售人员铭记：在一个风和日丽的美好的日子，在繁华的城市广场上，有一位盲人坐在地上乞讨，他的身边摆着一个牌子，上面写着："I am Blind，Please Help me"。过往的行人大都匆匆而过，偶尔会有人丢几枚硬币下去。这时，来了一位漂亮的姑娘，她弯下腰，但是她没有丢硬币，她拿起牌子，在牌子上重新写了一行字，放回地上就离开了。结果给钱的人大增！为什么呢？原来，牌子上的字被修改为：“It’s a beautiful day，I can’t see it”。

这个略带想象和浪漫的场景，实际上真实地道出了语言的重要性。现实生活中，因为会说话赢得朋友或者取得成功的事情很多，同时因为语言问题导致的灾难性后果也很多。先举几个笔者亲身经历的事情，来看看一些负面的例子。

图 5　巧妙地表达，换来别人的同情

我有一个好朋友，此人心地善良，为人直爽，非常愿意帮助别人，然而，他的几任女朋友都离他而去，这几位女朋友对他的评价都惊人地一致，都是：说话太“伤人”，受不了！那么这位好朋友说话有多伤人呢？我确实是深有体会。

图6　不和谐的对话只会伤害友谊

案例：查户口事件

第一件事情是查户口事件。作为北漂一族，户口不在北京是一种“痛”，尤其是早些年，北京在各个方面对非北京户口的北漂审查比较严格。有一次过国庆节，北京照例清理外地闲散人员，派出所挨家挨户查户口，我在租住的屋子里，当时碰上一大批警察和居委会工作人员，查我的证件。当时认为我租房手续不合法，就没收了我的身份证，要求第二天带房东来补手续。第二天我碰上这个好朋友，我就跟他发牢骚，说还要去派出所补手续很麻烦。结果，他的回答是：“你是外地户口，当然要查你。”这种貌似很有道理却非常伤人的话一下子就触怒了我，并且让我本就非常沮丧的心情更加难过。这样的语言表达能力，是非常伤人的。他自己也会因为无意中的伤人，失去朋友。

案例：逛公园事件

还有一次是逛公园事件。有一次，这位仁兄要去逛公园，因为没有女朋友，就非要让我一起去陪他玩。我当时其实根本不想出去玩，也不想陪他玩，但最后经不住他使劲地劝，就答应和他一起出去玩一下。在公园里聊天，本来还算愉快。我们谈到一个共同的朋友，他告诉我，那个朋友背后说我坏话。这让我很不爽，就跟他解释，这个人说的坏话没有道理。谁知他并不认同我说的话，反而极其认真地给我分析那人说的坏话也有道理，并告诉我，那人说我坏话，是因为“你有些事情办得不妥”，你以后应该怎么做才对。这下把我惹火了，我说我今天出来玩，不想把心情搞坏，别教我怎么做人，他也火大了，说：“我的真心话你都不听，你一辈子都不会有出息。”接下来就争吵起来，最后不欢而散。

以上两个例子，生动地再现了生活中因为语言问题导致的不愉快和糟糕的后果。

日常生活中因为语言问题导致的不愉快可能会失去朋友，在业务场合上的不恰当语言，则会直接导致失去客户和相应的业务机会。

案例：几句话得罪了重要客户

有一次，我和老板去拜访一位客户的高层领导。大家谈得很投机，中午客户就请我们去他们的食堂吃饭。在食堂里大家继续进行愉快的交流。可能确实谈得非常好，气氛也十分融洽，大家就逐渐放开了话题，开始聊起与业务没有关系的一些话题，其中就谈到了地域文化的问题。最后谈到了东北人，这个客户的领导就说“东北人毛病多”，我的这个老板就跟着附和说“东北人毛病确实多，东北人特别虚，爱骗人，爱面子，不讲理，很野蛮，假义气。”讲完这些，对方的领导变得很不自在，就说：“是有毛病，但是有这么差劲吗？”我们老板没有看出对方领导的不自在，仍旧继续发挥数落东北人的各种不好。忽然，对方领导一摔筷子，猛地站起来，甩了一句“我就是东北人，我全家都是东北人！”，转身就离开了食堂。剩下一桌人目瞪口呆。

从此，这个客户再也没有和我们公司有任何关系了。

上面介绍了许多言语不当导致不良后果的具体案例，下面我们来总结一下说话的一般性原则。

原则一　倾听，永远比说更重要。

说话技巧的最高原则是不说话：沉默是金。有时不说话才是最好的语言！不是必须说的话，尽量不要说；废话，绝对不能说。对于陌生的人来说，不到万不得已，不要开口。让别人多

图 7　当你一个人滔滔不绝时，可曾想到别人实际上可能很烦，
是为了给你面子才听下去的

说、多表达，你多倾听，才能获得更多友谊；自己滔滔不绝，可能让别人反感。你只有让一个人畅所欲言了，他才会爽，他愿意畅所欲言，表明了他和你的关系够好。

原则二　不要“推心置腹”。

有时候别人遇到了闹心的人或事，把你当朋友，向你倾诉的时候，千万不要去推心置腹地帮着分析，试图帮助他！这个时候，你需要做的其实就是：听，帮着骂人！朋友想骂谁，你就帮着骂谁。朋友倾诉的时候，不是要得到你实质性的帮助（大部分时候，你也帮不了别人），别人只是需要在情绪上得到缓解而已，只是需要一个同盟者和同情者，你帮着一起表示同情，一起大声地骂那些他恨的人，就最好了！如果你这个时候特别冷静地去帮他分析问题，试图去帮他认识到自己的问题，他是难以接受的，只能让这个朋友反感。记住：永远不要去高估别人的情商，人在不良情绪之中，很难接受不同意见。

原则三　绝对不能“好为人师”。

> 要一脸“真诚”地“聪明”地讲话，绝对不能一脸“聪明”地“真诚”地讲话。

有时，当朋友遇到麻烦时，我们可能忍不住想去帮帮他们。记住，永远不要低估别人的智商。别人不需要一个导师，没人觉得自己智商低，需要你来指导。当你滔滔不绝地给别人指指点点的时候，实际上是在告诉别人：你很笨，我很能干！这样的话，有谁爱听呢？

把原则二和原则三总结在一起，就是要一脸“真诚”地“聪

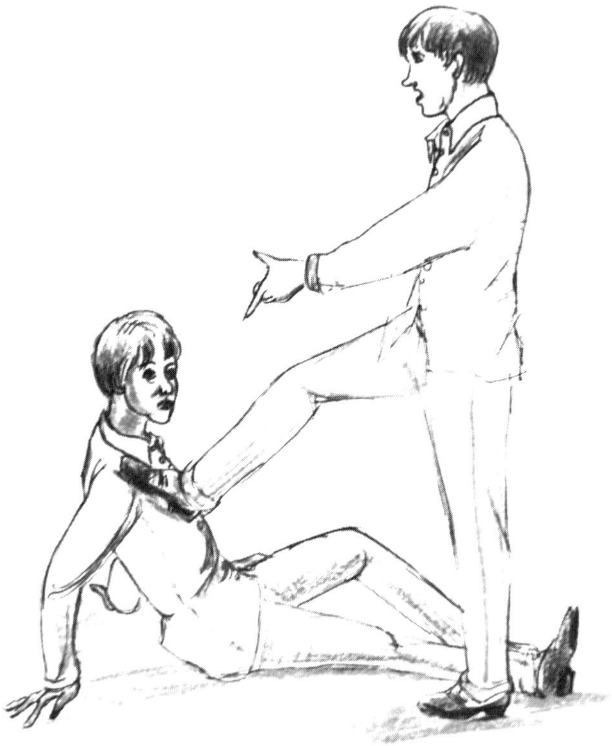

图 8　好为人师的你喜欢教导别人，然而，别人真的比你差吗?

明”地讲话，绝对不能一脸“聪明”地“真诚”地讲话。

原则四　多赞美、多恭维。

不要吝啬自己的赞美之词。不过最好真心一点，另外要稍微隐蔽一点，幽默一些。不然拍马屁太明显，别人也不喜欢。下面举个例子来说明如何隐蔽、幽默地恭维别人。

A（对 B）：我是担心，赚钱太多了，你会变坏。

B（对 A）：你们早就变坏了吧，嘿嘿。

C（对 B）：我怎么感觉你在变坏的路上？哈哈！

D（对 B）：你就是在变坏，哼！

B（对大家）：我正在跟随你们大家啊，嘿嘿。

大家看看这几个人在互相指责“变坏”吗？看起来是，但实质上是在恭维别人“你正在赚太多钱，你是个成功的人”。

男性在赞美女性的时候，要多一个心眼。女性是特殊的物种，胡乱赞美会适得其反。例如：你碰上一位女同事，这个女同事今天格外打扮了一下，你就赞道：“你今天真漂亮！”你以为别人会高兴？别人会甩你一个白眼，说：“难道我就今天才漂亮？”

再说一个场景，你见到一个女同事，今天穿了一条漂亮的裙子，你就赞道：“你这条裙子好漂亮！”别人依然会甩你一个白眼，说道：“我是衣服好看，还是人好看？”

所以我给一个不是原则的原则，如果你对自己的说话能力不是特别自信，就不要随便赞美女性。

原则五　如果你不想说“好”，就什么也别说。

很多时候，你不想赞美别人，更不想去恭维别人，你可能实际上很讨厌别人，总之，你不想去说别人“好”，这个时候，请努力管住自己的嘴巴。不能当面去说别人不好，更不能背后说别人负面的话！就算是对自己的闺蜜，你也别与她说你讨厌谁。

原则六　说话必须看“场合”。

上面谈到不能“推心置腹”，也不要“好为人师”，更不可说别人“不好”。那么我们难道就永远不能诚恳一点，永远要伪装自己吗？这个也不是绝对的。如果你永远这么虚伪，可能也难以得到友谊和别人的认可。那么，有些非说不可的“逆耳忠言”什么时候说呢？那就是你必须把握场合，什么场合说什么话！

原则七　把握“求同原则”。

与客户交谈时，要想使得谈话愉快，并且得到自己想要的信息，你要把握“求同原则”，说你们共同感兴趣的话题，可以使得谈话变得生动起来。这要求在进行重要谈话之前你最好多了解客户的情况，知道他的脾气、背景、爱好等情况，从中找出你们的共同点。另外，在谈话过程中，最好敏感一些，随时判断客户的兴趣点，使得你们的交谈有许多共鸣，那么谈话效果自然好很多。

原则八　“称呼”，非常重要。

试想一下这样一种情况，对公司里一个同部门同级别的姓李的男同事，年龄比你大，怎么称呼？“老李”，或者“李哥”？想象一下现实中的情况吧，许多人会称呼“老李”，这其实是不太礼貌的称呼，带有轻蔑意味。

中国的称谓文化确实有点复杂，所以外企里大家流行用英文名字，大家就直呼英文名字，亲切自然。然而你也不得不去了解并掌握中国特有的称谓文化。

原则九　巧妙地问问题。

在与客户交谈时，你的目的是得到你想要的信息。直截了当地问“你们预算多少？”“我们会中标吗？”或者“你支持我们的竞争对手吗？”这类问题，通常难以得到满意的回答。有时，你必须用一些看似轻松、无关的问题，来套取你想要的信息。比如，你问一个刚刚认识的异性：“您孩子多大啦？”实际上是想知道他是否单身；你问一个客户：“最近很忙吧？估计顾不上推进项目进展了。”实际上是想了解他们什么时候招标；你对一个合作伙伴说："最近有什么问题吗？"实际上是想求这个伙伴办事的开场白。巧妙地问问题，降低别人的防备心理，容易得到别人真正的答案。

原则十　永远不要"争论"

请大家务必记住这条铁律："争论"不会获得友谊，只会互相伤害，你不会说服任何人。一旦发生争论，必须有所弥补，否则对人际关系会形成永久性的伤害。

当你遇到与你观点不同的人，想与他争论的时候，请记住这条原则，闭上自己的嘴！和别人争论的人，是没有自制力的人。

争论是怎么发生的呢？人们往往是因为一两句简单的话而逐渐争论起来的，别人说了一句让你不满意的话，你就顶回去，别人就更尖锐地顶回来，逐步升级；一开始，还不那么激烈，有点理智，后来越来越不开心，越来越失去理智，直至最后恶语相向，不欢而散。了解这个过程后，大家以后遇到别人说话让你不开心时，不要立即反驳。记住，反驳一定会导致更多的反驳。大家一定要记住，这个世界不是一个讲道理的世界。你所认可的逻辑、道理，在别人那里一钱不值，你要说服别人，难道是想告诉别人：别人很蠢，不如你？所以，千万不要试图用道理去说服别人，引发无聊的争论。你只要少说一句，也许就把争论化解为无形了。

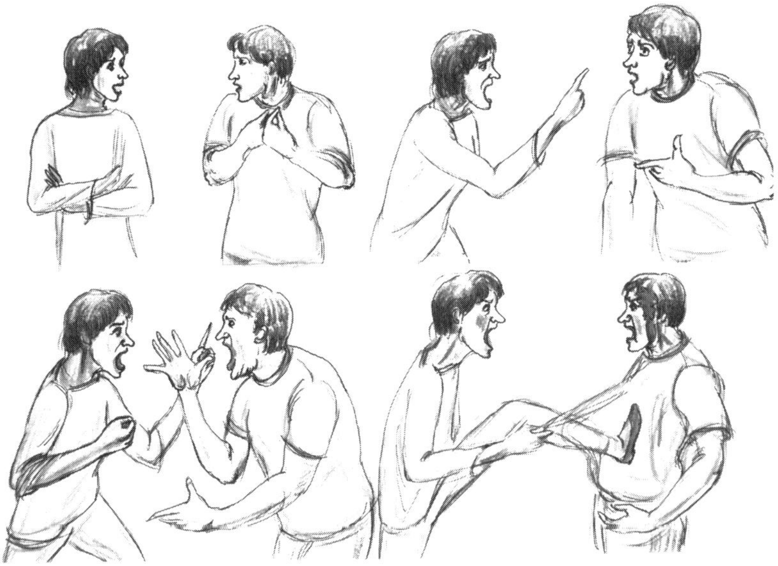

图 9　争论是如何变得不可收拾的？

THE INCISIVE

SALES

第二章
成功销售最一般的原则

在了解了人际关系的奥秘之后，我们来看看做销售的五个原则，这些原则非常重要，是成功的重要因素。下面我们用五个完整的案例来详细解释这五个原则。

盲目自信终将铸成大错

在我的销售生涯中，曾经经历过一次刻骨铭心的失败，这是能投集团数据中心案例。在这个案例中，由于盲目自信，导致一只“煮熟的鸭子”飞走了。

案例：我是如何输掉一个十拿九稳的项目的

用户背景

能投集团是一家全国性的集团企业。其下属约500家分公司，员工大约10万人，主营业务是能源行业的运营、建设工作。能投集团体量巨大，一直是各个大企业的战略性客户，也是我供职的某公司的长期重点客户。

项目需求

经过多年的准备和论证，能投集团计划建立集团级的数据中心，该数据中心将从其下属的几百家二三级单位抽取生产、经营、财务以及人力资源等数据，这些数据将被存放在集团总部待建的数据仓库中，同时会建立相应的数据分析、统计和报表功能，将各个下属单位的生产经营情况及时、准确、直观地展现出来，供集团领导辅助决策使用。

用户需求框架图如图10所示。

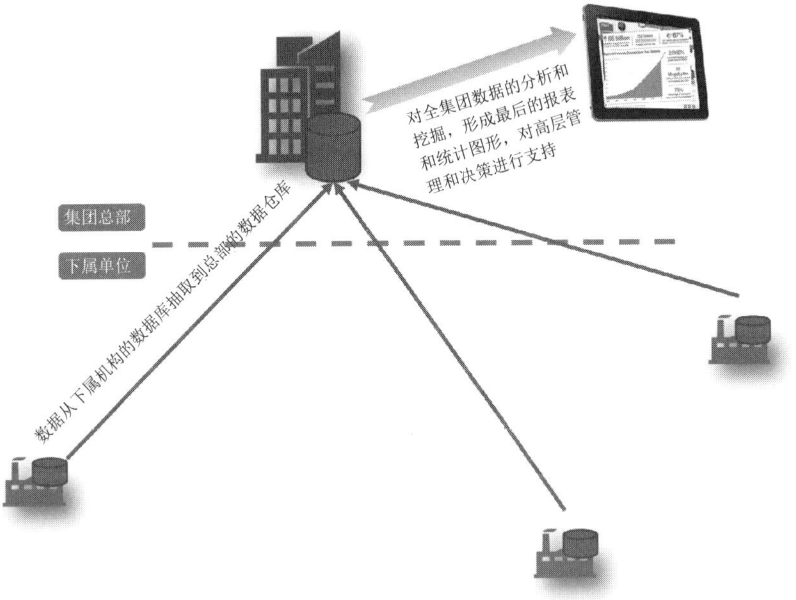

图10　用户需求框架图

信息系统技术分析

用户相关产品配置现状和数据流示意如图11所示。

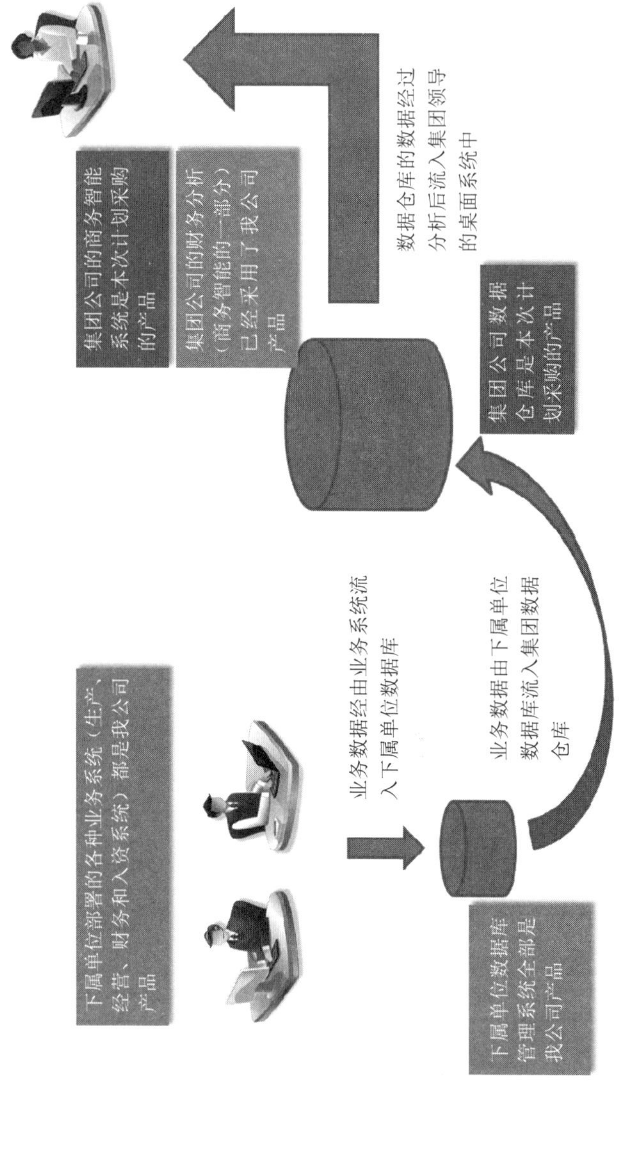

图 11 用户的产品配置图

由图11可以清晰地看出，如果按照数据的流动路径来看待整个系统，那么从头到尾绝大部分都已经采用了我公司的产品（绿色部分），红色部分为本次计划采购的产品（本系统所需购买的产品主要有两个：数据仓库管理系统和商务智能系统）。如果这些拟采购的产品继续采用我公司产品，在设计、实施以及技术支持等方面将得到极大的便利，而如果换用了其他公司的产品，则直接增加了实施难度，用户在开发、维护等其他方面也都会面临较大的风险。尤其是“数据仓库”产品，由于基础数据库都使用的是来自我公司的产品，更使得继续选择我公司的“数据仓库”产品几乎成为一种必然。

决策链分析

这个项目的主要决策组织是其科技信息部，决策链如表1所示。

表1　决策链

	部门	职务	人员	职责	角色
审批层	集团公司	总经理	刘源		审批人
	集团公司	副总	苏发	分管信息化建设的副总经理	背书人

（续表）

	部门	职务	人员	职责	角色
决策矩阵	科技信息部	主任	孙林	主管科技项目和信息化建设	决策人
	规划处	处长	梁小松	负责信息化项目规划	首要评估人
	规划处	专工	李晓婷	具体规划工作	使用者
	规划处	专工	刘明	具体规划工作	使用者
	规划处	副处长	黄青松	辅助负责信息化项目规划	评估人
	运维处	处长	张静	负责信息系统运维	评估人
	运维处	专工	李远松	具体运维工作	使用者
	系统处	处长	刘景涛	负责集团信息系统整体设计	评估人
	系统处	专工	申运	具体整体设计工作	使用者

针对表中的评估人，我们都做了很多工作，包括技术交流和技术以外的各种交往。事实上，由于这个客户是我公司的长期大客户，我们和决策链中的大部分人员都比较熟悉，与部分人员保持着一定的私人友谊。

竞争对手

虽然有多家厂商都可以提供数据仓库以及商务智能产品，不过在这个项目中，我们的竞争对手只有一家BIM公司。表2中显示的是我们与这家公司的产品占有率的对比。

表2 产品占有率

	全球范围的占有率			在中国能源行业的占有率		
	数据库产品	数据仓库产品	商务智能产品	数据库产品	数据仓库产品	商务智能产品
我公司	60%	35%	38%	90%	67%	17%
BIM 公司	18%	25%	50%	3%	12%	45%

可以看出，在中国的能源行业，我公司的数据库和数据仓库产品均占有巨大优势，而BIM公司则在商务智能产品方面占有较大优势。

合作伙伴

作为原始设备厂商的我公司与BIM公司都不会直接投标，真正去投标的是国内的软件开发商兼系统集成商。这些公司作为我们的合作伙伴，代表我公司，使用我公司的产品构建其最终的解决方案。

计划参与这个项目投标的公司大约有10家，其中有2家公司是能投集团信息化建设的长期服务者，与用户已经构建了稳定的合作关系，他们中标的可能性极大。我们对这两家公司也进行了额外的支持，相信他们在最终的投标中会支持我们的产品。

价格策略

通过上面的分析可知，从用户的现有系统建设的环境、技术需求、市场占有率、用户关系、合作伙伴关系、竞争对比等方面综合来看，我们的数据仓库产品占有较大优势，而商务智能产品没有优势，所以，我们的目标是抓优势放劣势，至少要拿下数据仓库产品，同时也积极争取商务智能产品。由于整体优势比较明显，我们给数据仓库产品和商务智能产品都定了相对比较高的价格。

投标结果

投标结果非常出人意料，我们赢得了商务智能，却输掉了数据仓库产品。

分析

这个项目我们主要的失误点是对合作伙伴（长胜集团）的把握上。

首先，长胜集团对用户的影响力比我们想象的要大很多。而我们对最终用户的影响力要比我们自己感觉的要差很多！由于这家公司长期为能投集团服务，积累了非常丰富的有针对性的项目实施经验和人脉关系，他们对用户的需求和状况十分了解，用户对其十分依赖。事实上，在招标前的各种协商中，用户对其倾向性已经非常明显了，在这种情况下，长胜集团对我们和BIM的竞争影响就非常大了。

反观我们自己，由于我方产品在很多方面存在优势，在相当自信的情况下，我方对最终用户的争取工作是很不够的。我们一直是“用户怎么敢选择别的产品呢？尤其是数据仓库产品，选别的风险多大啊！”这样的心态，直接影响了我们的工作力度，事实上极大地降低了我方对用户的影响力。事后了解到，我们的对手BIM，对用户做足了工作，而且BIM公司成功地放大了用户本来就有的这样一个念头：“我们已经用了这家公司这么多产品，如果还继续用这家公司的产品，以后我们就被这个公司给绑死了，连价格谈判都会非常被动！还是各家都用一些，平衡一下的好。”这样此消彼长，虽然我方在产品上存在优势，然而两方对用户的影响力却大致持平。事后也了解到，当长胜集团去向用户征求意见最终应该使用哪个产品时，用户始终不肯表态。这样一来，长胜集团的态度就左右了这次招标结果。

其次，我们对长胜集团的生意文化了解得不够彻底。长胜集团是一家国内的系统集成商兼独立的软件开发商，是一家做自己的大客户的公司，公司客户就是几个大客户，包括能源和电信行业几家央企。它的生意资源是这几家大客户，其产品是自有开发为主，辅以一定的系统集成，而系统集成不是其重点业务。这就决定了它不是特别依赖我们这样的原始产品厂商。这表明，我们对其的影响力并不大。

最后，长胜集团和我们竞争对手BIM之间的合作关系非常好。事实上，由于我公司的价格策略一向是比较强硬的，而且合作伙伴政策也比较死，导致了长胜集团对我公司其实不是太满意，他们一直在与BIM进行各种合作。深入地了解发现，长胜集团在最近几年里与电信客户的项目中大量采用BIM公司的数据库产品，而数据仓库产品，基本上用的全是BIM公司的。

综合以上状况，加上这次我方在放价格对数据仓库产品的价格给得又比较高，长胜集团采取了极其可耻却又极其有效的一个策略：假意与我方合作，布置一个客户必然选择我方产品的假象，使得我方报出高价，各个参与投标的厂家在使用我方产品时（大部分都使用我方产品），给用户的报价都比较高；利用我方的高报价，事实上把整体报价都提高了，他们却利用这个局面，自己报了BIM比较低的产品价格，实际上是利用我们做了一个局，很自然地以低价格（却是高利润，因为BIM的实际出厂价格低很多）中标。

这个项目给我们的教训是：要对对局博弈的各方的实际影响力及其真正策略有一个清醒的认识，一旦盲目自信，判断出错，必然会影响结果。

坚持到底才有常人难以企及的胜利

投项目很多时候像是一场长跑，不只是比智慧，更要比耐力。

作为企业级的项目，通常都有一个时间周期。从酝酿、评估到方案设计，然后是申请预算，之后要招标、评标，然后决定出中标厂商，之后还有项目实施等过程。整个过程是比较长的，这样一个项目周期，至少是一年，有些项目，可能会一弄好几年。这样一个漫长的过程，有诸多环节、许多竞争对手、许多难以预料的困难和突发事件。需要很大的耐心，不能轻易放弃，特别是在遇到困难、似乎看不到希望的时候，也不能轻易放弃。

下面我们来看看唐人集团中间件采购案例，这是一个非常曲折的案例。通过这个案例的最终获胜，我不只学会了如何坚持、如何判断，更让自己收获了最有价值的东西——信心。

案例："5次反围剿"拿下战略性的项目

用户背景

唐人集团是一家全国性的通信类企业集团，其总部在北京，是一家隶属于国资委的央企。其下约有50家二级分公司、约3000家三级单位以及更多的四级机构。唐人集团属于超大型客户，其每一次采购招标都会牵动所有相关厂商的神经，任何一次输赢对这些厂商来说都可能是战略性的、致命的。所以，各个厂商都对唐人集团投入了巨大的资源。

项目需求

下面要分析一下技术的现状和需求。为了帮助不太了解企业级信息系统的读者，下面先科普一下企业信息系统的组成，如图12所示。

图 12　信息系统的结构图

这次的项目需求是对其财务系统进行升级改造，改造前的系统现状如图13所示。

图 13　产品在信息系统中的位置

升级改造的目标关键是把唐人集团所有三级公司的Star EAM产品由7.0版本升级到8.0版本，并同时把其他必要的支持组件同时升级，如图14所示。

图14 系统改造方案

由于旧系统中Operating System、Server以及Storage都是BIM产品，而Application是Star公司产品，Middleware、Database都是我公司产品，升级改造的大原则都是尽量购买使用原有产品最新的版本。所以，我们不用担心产品选型问题，只需尽量把价格守住即可。

经过与合作伙伴的商谈，基本形成了价格同盟，最终所有投标的代理商会以一个较高价格投标，确保大家的利润，同时，我为几个主要代理的利益划分也进行了精心的安排，确信他们会在最终的报价中遵守事前的约定。

为了防止有些代理在关键时刻耍花招，在最终用户方，我们也做足了功课，一再从技术角度向用户强调继续使用我方产品的重要性，同时也在客户关系方面做了大量功课。在投标前的关键时刻，所有代理从最终用户那里得到的消息都是“产品品牌不可能更换”。

开标日期到来，在开标现场观看唱标，我们的代理都是按照事前约定投的价格，我也长舒一口气。私下里开心地盘算，3000个下属单位的升级改造，够我两年的业绩！

然而，正当我得意忘形的时候，发生了天大的意外！竞争对手出示了Star EAM 8.0版本的兼容性列表，上面列举了Star EAM 8.0在BIM UNIX服务器平台上所接受的中间件产品，赫然写明不支持我公司产品（但是支持BIM公司的中间件产品）。也就是说，本次招标必须更换我公司原来的中间件产品，换成BIM公司的相应产品！这真是一个匪夷所思的情况，作为全球主流的产品，竟然互相之间不兼容！这压根就不可能，我绝对不能相信。一定是这帮人自己编出来骗用户的。

由于出现了这种重大技术问题，中间件产品的评标工作不得不暂停一下，我们也赶紧回来研究，我自己去Star公司的官方网站上查阅，我们的技术顾问们也从别的渠道查询，结果完全一样，最新的 Star EAM 8.0以上版本，如果部署在BIM UNIX平台上，确实只支持BIM中间件产品，而不支持我公司的产品；但是如果是Star EAM稍微早一点的7.8或者7.9版本，如果部署在BIM UNIX平台上，则可以支持我公司的中间件产品。出现这个情况确实是不可思议的，这怎么可能呢？我公司和BIM公司是全球最重要的企业信息系统原始供应商，怎么会出现主流产品不支持的情况呢？ Star公司不想活了吗？

然而一再地确认，发现事实确实如此；用户评标小组也不敢草率，要求Star公司出具官方的兼容性认证说明，Star公司出具了正式的兼容性认证说明，明确地表示，在BIM UNIX服务器平台上，Star EAM 8.0还没有对我公司的中间件产品进行认证，而对BIM以及其他一些品牌都进行了认证。所以Star公司建议用户如果要升级到Star EAM 8.0，必须改换相应的中间件。据此，评标小组做出了换掉我公司中间件的初评意见。

这真是实实在在的惊天大逆转！这意味着我们要输掉这一仗。煮熟的鸭子，飞了！

第一次反击

拿到初评意见后，我异常沮丧，两年的业绩，就这样全没有了。躺在床上，人完全散了架。就这样输掉了吗？不甘心！于是我大半夜爬起来，又仔细地研究整个案例，感觉不是完全输了，如果能说服用户的应用升级不到8.0，而是到Star EAM 7.9，或者说服用户放弃BIM UNIX服务器平台，改用X86架构Linux平台，是不是就可以呢？

经过和Star公司确认，同时查阅相关的官方公开的资料，确实在X86 Linux服务器平台上，Star EAM 8.0是支持我公司中间件的，这让我受到了鼓舞，于是准备了一番理由，向用户推荐改用Star EAM 7.9或者BIM X86 Linux服务器的方案。我们的理由如下：

（1）由于用户之前用的中间件都是我公司的，没有用过BIM的中间件，改用BIM的中间件之后，会有实施、服务上的一些风险或者不便利。

（2）而Star EAM 7.9虽然没有Star EAM 8.0新，但是也能用，且以后再升级也很方便。

（3）BIM X86 Linux服务器对于用户不陌生，其使用量也不小，所以，改用这个平台来跑应用，问题也不大。

我们的提议得到了用户的响应，他们确实不希望改用没有用过的陌生产品。他们随即对我们的提议进行了认真的评估，评估后的结果如下：

（1）用户对BIM中间件确实不熟悉，不过BIM公司承诺对用户进行全集团范围内广泛的培训和长时间的现场支持，且完全免费进行（为了拿下大单，他们也很拼）。

（2）Star EAM 8.0产品与Star EAM 7.9产品相比，变化比较大，有一些关键功能用户非常需要。

（3）BIM X86 Linux虽然使用广泛，但是在性能以及可靠性上比起其Y系列的UNIX服务器要差很多。

综合以上原因，用户否决了我们的提议，决定还是放弃我方的中间件产品。

第二次反击

评标小组的重新评估结果出来后，就决定正式上报评标结果并公示出来了。这时，我方销售团队从老板到技术顾问都觉得基本没有希望了，可以承认失败了，我自己也觉得基本上是输定了。然而，自己还是彻夜难眠，难道真的就这样放弃吗？

还是不甘心！又继续研究。继续找各种人沟通（这个时候，大部分支持我的人已经有点烦了，同事们烦了，最终用户烦了，合作伙伴烦了，Star公司的技术人员也很烦），我还是在找办法。最后，还真让我找到一个办法：Star EAM在3个月后要出新的小版本了，即Star EAM 8.0.1。随着新的小版本的发布，会有新的兼容认证。

这又是一根救命稻草。发布新版本，新的兼容认证应该会有我公司产品了吧！Star公司和我们有仇吗？就算晚一点，他们也得认证我们的产品啊！

这次需要Star公司来帮忙，做了一番功课以后，Star公司同意向用户发出新的正式说明，说Star EAM将在3个月后发布一款新的小版本，这个小版本包含一些重大的改进，而目前的8.0版本发现了一些网络安全漏洞，强烈建议用户等待Star新的版本发布。

Star公司真的是给力。这份说明又给了用户明显的影响，尤其是安全漏洞，必须要认真对待。于是用户决定，再等3个月，到新的版本发布后再定中间件产品。

这个时候，我真有点“谢天谢地”的感觉了。客户愿意再等3个月，我就不相信，3个月下来Star公司还不认证！

焦急地等待了3个月，Star EAM 8.0.1终于发布了，兼容认证也同时更新了。然而，仔细阅读了其兼容列表之后，发现在BIM UNIX服务器平台上，依然没有我公司中间件，却跑出一款新的中间件，Star公司自己推出的一款中间件：NetCaller！同时，Star公司正式向用户发出新的澄清说明，强烈建议用户使用Star NetCaller中间件，“比任何其他公司的中间件都更适合Star EAM产品！”

这下我算是明白了Star公司的“给力”了，让用户等他们3个月，推出他们自己的中间件，完全是“将计就计”，我还一直以为他们在帮我们呢！这一下也解释了为什么他们不认证我公司的产品。

用户接到Star公司的新说明后，也感觉很惊讶，不得不再次进行评估，结果认为Star公司的中间件刚刚推出尚不成熟，不能使用，依然决定使用BIM的中间件。

第三次反击

第二次反击失败，不只是沮丧、失望，而且还非常恼火，努力之后失败了也就算了，而且还被人耍了。这次，老板、同事们不只是烦我，简直都在可怜我了。我自己也再次陷入低谷，看来不承认失败也没有用了。

然而，在最艰难的时刻，我依然没有放弃！

经过再次仔细分析了整个局面后，我发现了一个重大问题：Star公司为什么长期不认证我公司的中间件产品？这种难以理解的行为背后到底是为什么？我们公司作为全球最大的信息产品公司，中间件产品的标准制定者，全球最大的中间件产品份额占有者，Star公司却不认证。难道不是奇怪之极吗？随着Star公司发布自己的中间件产品NetCaller，Star公司的战略也清晰地浮现出来：他们想借自己在Application市场上的优势，带动其中间件产品的发展，和我们抢中间件市场。

想明白这个问题之后，我另一个问题也有了答案，那就是，Star公司其实早就认证过我公司的中间件产品，只是因为竞争战略不宣布而已，而且可能在相当长一段时间内也不会公开宣布。反过来也就是说，虽然没有Star公司的官方认证，但是，其实使用我们的产品是没有问题的。

想明白这个问题之后，我是又喜又忧。喜的是，我又找到了突破口，忧的是，即便是大家都认为我们的产品实际上可以用，但是使用没有官方认证的产品，以后出了问题，谁来负责任？

首先，需要证实一下我的想法。我找来了我们公司亚洲研究院负责中间件产品研发的团队，请求他们帮忙，实际评估一下Star EAM 8.0与我公司产品的兼容性。经过仔细阅读相关文档并查阅相关的配置文件后，他们认为，原则上应该是兼容的。

想法得到证实后，我再次找到了用户，说明了我们的观点。用户也认为有道理，最后用户又给了我们一次机会，安排一次实际测试，如果真的可以用，再考虑是否更换。

客户还是给力啊！客户使用BIM Y系列UNIX服务器部署了测试环境，要求我们和BIM同时使用自己的中间件进行兼容性测试。

又经过一番努力后，测试结果出来了，我再一次遭受到重大打击！BIM产品安装、运行没有问题，而我公司的中间件产品则安装都不能通过，更别说运行了。

实际测试结果出来后，评标小组已经彻底失去了耐心，评标组长的脸色也没那么好看了。当时决定上报评测结果，确定最终产品选型方案，同时，安排其下属单位对BIM中间件进行测试使用。这个时候，离开标时间已经过去差不多大半年了。

第四次反击

再一次的打击又让我消沉下来，几经挣扎后，我坐下来，再一次仔细地分析状况，看看有没有新的灵感。难道我们亚洲研究院研发人员的判断有误？与他们再进行仔细沟通后，他们认为，我们的产品在技术上应该没有问题，找一个特有的小版本并且做一个客户化的特殊配置应该可以解决这个问题。而要做这两件事情，需要展开比较复杂的测试工作，此项工作需要得到亚洲研究院相关主管的批准。

虽然办法是有，这也相当于华山一条道。这是极其艰苦的一条道，基本上就没有办法做到，原因是：

（1）用户已经没有耐心等待了，即便我们费尽九牛二虎之力，找到所要的版本并且做好特殊配置，用户也早已宣布中标结果无法更改。

（2）即便我们找到了解决方案，可是，让用户使用未经认证的产品，这个责任谁来担？

（3）要找到这个解决方案，必须请求亚洲研究院进行正式立项，这个我们从来没有尝试过。事实上，作为销售团队，平时与他们的沟通非常少，他们没有理由以正式立项的方式来帮忙，这毕竟不是研发方面的任务。这样大动干戈地去调用资源，万一不成功，会在老板面前彻底丧失信誉；同时，由于这半年为了这件事情投入大量的时间精力，别的项目都荒废了，业绩严重下滑。多种因素叠加，我自己的职业生涯会受到严重影响。

（4）为了这个事情，我已经坚持了大半年，每次尝试都怀着兴奋的心情，抱着巨大的希望，然后换来更差的结果。领导、支持部门已经完全丧失了信心，与我们关系好的客户的评标人员也完全丧失了信心，我自己，也已经基本上丧失了信心。

完全放弃吗？精神上，我已经极度疲惫了，大半年的努力、煎熬，耗尽了我的热情、心血、耐心和智慧，同事们也耗尽了他们的热情和信心。我收手吗？还是再搏一次？在感情上，我已经从当初的不甘心、要继续努力，变成了另外一种状态，那就是认了、累了、放弃了的状态。

在完全放弃之前，我决定再仔细地分析梳理一下，我不能被自己的情绪左右。再一次仔细分析之后，有两点我感觉没有问题：

（1）从Star公司的行为来看，其实质上认证过我公司产品，只是出于竞争目的，不愿意宣布，这条没有问题。

（2）从我们的产品看，其兼容性也不存在实质性问题，只是配置和版本匹配需要解决一下，这一点应该也没有问题。

如果确信以上两点判断，那么就应该继续努力下去，再累也得挺住 。

如果要继续努力下去，首先必须要解决的问题是：用户的评标小组已经做出了决定，不仅上报了评标结果，同时还安排下级单位对BIM产品进行了试用。这个时候，必须想办法把用户的评标审批过程拖住，使其领导不上会，或者暂时不予批准，为我们的工作赢得时间，这样我们才能去找资源，去解决技术问题。

如何拖住评标的审批流程呢？需要这个项目的实施公司来帮忙。这家公司是唐人集团长期的信息系统项目的承建者，与用户的高层关系非常密切，这次项目的中标者就是这家公司，他们会负责部分相关产品的采购及实施服务。如果他们出面以技术实施有困难作为原因来说服唐人集团的高层推迟审批评标结果是有可能的。

说服华地公司的重点是利润。华地公司与我们的合作关系一向不错，是我们公司长期以来比较忠实的合作伙伴。我很容易直接找到华地公司的总经理和CTO来谈这件事情。为了争取到华地公司的支持，我申请了一个非常好的折扣，加上一共有3000个下属单位要做，所以，按照我目前的价格，华地公司会有非常好的利润空间。这个利润空间，是 BIM公司不愿意给的，他们现在自信我们根本不可能有办法，所以给华地公司报的价格非常高。两边一对比，华地公司认为帮我们要划算得多。随后，其CTO给出了一份测试方案，要求我们按照其要求对产品兼容性做彻底测试，其中竟然包括几百个测试点，一共有一百多页的测试需求。经过华地公司的一番运作，华地公司承诺以后如果使用过程中出现问题，不再需要Star公司的支持，华地公司会完全承担责任。用户高层同意暂时不批复评标报告，以等待我们的测试结果，但最长时间也只能等两个月。超出这个时间，要么批复，要么就要废标，而不能再等待了。

拿着华地公司给的一百多页的测试需求回来，我们研究院的弟兄们全都倒吸了一口气！这些东西，两个月，怎么做啊？！完全没有把握能全部做下来。然而，再难，也得冲！经过和研究院相关主管的沟通，他答应划一个小团队支持我们，在两个月里专心帮我们测试。

然而，事情并没有就此走上正轨，在时间差不多过去一个月时，我看到测试进度进展异常缓慢，安装问题是解决了，可是启动页面死活出不来。看起来，再过一个月什么结果都出不来。

第五次反击

进展如此缓慢，或者说，一个月下来就没有任何进展！是什么原因？我不得不再次仔细审视一下原因。首先，我们对“一定能兼容”这个基本判断没有怀疑。那么为什么一个月下来没有进展呢？原因出在几个关键的技术环节一直没有进展上。这几个环节要求测试人员对中间件内核技术极其熟悉，而亚洲研究院的几个同事显然对这块技术没有那么精通。

怎么办？等，就是死！必须寻找更好的资源。哪里找？冥思苦想之下，看来只有找美国总部的研发部帮忙了。这个我们从来没有尝试过，他们能帮忙吗？这样大动干戈地去调用总部资源，万一不成功，将会进一步损害我已经即将损害殆尽的职业信誉。这个关键时刻，我再一次坐下来，慎重地问自己：坚持，还是早点认输？这个时候，不需要激情，不需要热情，更不需要任何冲动，需要的是冷静和理性！

“可以兼容”这个关键点是否还可以坚信？

再次反问自己对Star公司商业策略的分析判断是否可以继续相信？再次反问自己对研究院同事所做的分析结论是否可以继续相信？

艰难地抉择后，我继续相信自己的判断，相信同事的判断。

那么，接下来就是找美国研发总部帮忙。为了让他们重视这件事情，我决定去美国当面请求他们的支持。

当我出现在研发总部一位产品经理的面前，向他讲述这个项目的艰苦过程，请求他的支持时，我感觉到他明显震惊了！然后他告诉我让我不要着急，在酒店等他的消息。

两天过去了，当我忐忑不安地再次来到这位产品经理面前时，他给了我一个拥抱，告诉我："我们已经把你们无法解决的关键技术问题找到并且解决了，快回中国把剩下的测试做完吧，下面应该没有技术难点了。"

我立即回国。关键难点解决后，测试进展得非常快，一百多页的测试需求终于在剩下的时间做完了。安装、启动、运行、各个测试点完全没有问题。兼容性完全解决！同时，华地公司也仔细确认了我们的测试过程和结果。当我们把测试报告提交上去时，华地公司的总经理告诉我，如果再过一天还没有测试结果，上面就必须要批复之前的评标报告，我们的产品就彻底完蛋了！

最终，用户拿到我们完整的测试报告，仔细查看、评估并确认了我们的测试过程和报告，并且得到华地公司的担保后，宣布卸载所有正在试运行的BIM中间件系统，同时宣布正式中标结果，中间件产品继续使用我公司的产品。

这时，离项目开标时间整整过去了16个月！离我们和用户在准备期间的第一次技术交流，过去了24个月。

分析

这个故事非常完整地再现了一段“永不放弃、坚持到底，最终取得胜利”的过程。这个故事给了我们两个重要启示：

第一是“永不放弃”。事实上，这个句子一直就是我的座右铭！

第二是“正确的判断”。这是一件事情是否应该坚持下去的理由。

第一个启示很重要，它要求我们不能轻言放弃，做事要能够坚持，要有不达目的不罢休的气势、勇气和执着的精神。

相比之下，第二个启示可能更重要，这个启示不包含一点点感性的成分，与勇气、冲动和直觉统统没有关系，纯粹是一个极度理性的判断。这个判断是告诉你，这个事情是否应该去坚持。当局面纷繁复杂、难以掌控的时候，你需要静下心来，完全摒弃情绪、心态对你的影响，以最冷静、最理性的方式拷问自己：坚持下去的依据是什么？所坚持的目标是正确的吗？

就像这个案例中，我在困境中始终要摆脱一切外在纷扰，摆脱自己心里的各种变化，以最为理性和冷静的状态来问自己：兼容性是否真的没有问题？通过对自己商业判断的自信，对研究院同事的分析的信心，我始终确信，兼容性没有问题！除了足够的勇气与坚持力之外，这个判断是支撑我走下去的决定性因素。假设没有这样明确的判断，那么，“不放弃”就成了拉磨的驴子，只是一种盲目的坚持。事实上，如果我们的终极判断是“兼容性是有问题的”，那么我们就应该及时放弃这个项目，及时“止损”。

有人可能问我，你第二个启示不就是“直觉”吗？完全不是，我觉得是一种冷静的、逻辑的、理性的分析结果，而不是“直觉”。

所以，成功的正确公式应该是：

永不放弃 + 正确的判断＝成功

谁都不能完全相信

真的是这样吗？任何人都不能相信吗？对于那些反对我们的客户，我们不相信。难道那些关系不错、真的在帮助我们的客户也不能完全相信？

是的，不能完全相信！

很多时候，我们会“想当然”地确信一些事情。比如：

“张总昨天晚上和我们喝酒喝得很开心，他一定会帮助我们的。”

“过去3年来，客户一直在使用我们的产品，所以这次一定也会继续使用我们的产品。”

“我们和A公司是长期合作关系，6个月的账期他们一定会给的。”

“李总是客户的总工，有他帮我们说话，问题不大。”

“用户一直在使用BIM公司的产品，咱们没什么机会的。”

很多时候，感觉越好的事情或者言语，越需要怀疑。

下面我们举一个小小的例子来说明有时人们说的话不能完全相信。

很多时候，人们出于各种目的不说真话。比如，出于给别人面子和台阶而不说真话；比如，别人送了一件你不喜欢的礼物，你也只能夸奖礼物好并且表示感谢；有时，人们为了安慰别人，而说一些“善意的谎言”。当然，出于恶意而不说真话的情况就更多了！所以，有时人说话是言不由衷的，许多话都是不可相信的。

下面通过雄风集团MIS系统项目案例来具体看看我们是如何因为相信一些朋友从而导致一个项目失败的。

案例：成也萧何败也萧何

雄风集团是一个较大的企业集团，其主营业务是食品的加工、生产和销售。集团下面有几十家分支机构，分别负责各种类型食品的加工、生产制造以及销售等业务。雄风集团投资兴建了一个新的食品加工厂，计划为这个新厂建立一个工厂级的MIS系统。

通过耐心细致的工作，我们梳理了这个项目机会的决策链，包括：这个新建食品加工厂的信息中心主任，其他几个分支机构的信息中心主任（他们是集团信息系统委员会成员），集团分管

图 15　当着你面的态度和实际的态度会不同哦

信息化的总会计师，集团分管新厂扩建业务的工程部主任，集团信息中心主任（同时是集团信息系统主任，分管全集团信息系统建设）。

进一步了解其以往项目建设的历史发现，雄风集团包括其下属单位的项目基本上都是这个“集团信息系统委员会”来组织、实施和决策的。信息委员会的梁主任是一个德高望重的老同志，他任职多年，精通业务，有着一定的权威。这个委员会的其他成员，也都是他从下属各机构挑选出来长期培养的，整个委员会非常默契。所以，我们需要同信息委员会保持良好的关系，其中，最重要的就是与梁主任的关系。

梁主任是一个知识分子，为人谦虚低调、和蔼可亲。和我这种干技术出身的销售代表比较容易谈得来，我们很容易就相处得不错。通过了解，梁主任不是一个独断的人，他比较看重他培养起来的几个部下，他们一起做事，商量得比较多，我们于是就与信息委员会中其他几个委员也保持了良好的关系。这几个骨干委员是其他下属分厂的信息中心主任，办公地点不在北京，分散在全国各地，为了和他们分别搞好关系，我也跑到这些外地城市逐个和他们认识、交往。

在更加高层的关系上，我们也没有忘记。我们组织了公司的高层去拜访，由我们的总经理亲自拜访了雄风集团的总会计师——其信息化分管领导。营造了很好的双方互动的气氛。

通过种种努力，很快我们和以梁主任为核心的雄风集团信息委员会构建了非常好的关系。在正式项目还没有开展之前，有一些小型项目，雄风集团都给了我们，这促进了我们和信息委员会之间良好的关系发展，也给了我们更多信心。

在雄风集团以往的信息系统建设项目中，有一个“迪华公司”很引人注目，此公司赢得了许多次项目，显然，这个公司会成为我们主要的竞争对手，必须重点关注。既然此公司多次赢得项目，那么在雄风集团内部必然有支持他们的人。我们向梁主任和他的小伙伴们了解迪华公司时，他们普遍告诉我们，原来支持迪华公司的人一直就是梁主任他们自己，所以连续给了迪华公司许多项目。但是梁主任他们最近不是特别满意迪华公司，主要是迪华公司原来的业务人员最近离职了，梁主任他们对原来的这个业务人员一直比较满意，现在换了一个业务代表，服务方面不是特别到位，使信息委员会对迪华公司不太满意。显然，人员的变化是一个机会，我们正在逐渐取代迪华公司的地位。

最终用户、竞争对手方面，我们都做了很多有效的工作，现在就是要做好原始产品供应商北电网络的工作了。由于雄风集团各个工厂的网络系统普遍采用的是北电网络的产品，这次所用的主要产品依然还会是北电网络的。我们如果想拿下该项目，必须得到北电网络的支持，拿到较好的价格才行。还好，我们一直是北电网络的金牌代理，我们在北电网络得到了很好的支持。北电网络的相关业务销售非常积极地支持我们，他主张我们和迪华公司达成一个攻守同盟，私下商量好合作，支持我们中标，然后我们适当返还迪华公司一些利润。经过他的一翻斡旋，我们和迪华公司达成了意向，由迪华公司虚报高价，支持我们中标，大家一起把价格托住。按照我的经验，迪华公司未必完全按照约定出牌，他们可能届时不按约定报价。所以我们在最终确定报价时，比约定价格还是低了许多。同时，北电网络也向我们承诺，给迪华公司的报价会比给我们报的价格高出20%，以防止他们不守信用。

最终用户、竞争对手、原始厂家全都搞定了，万事俱备，只等投标、中标了！在敲定招标技术方案时，我们的工程师全程参与，把原定3台核心交换机的方案改为8台核心交换机的豪华方案。这将是多么完美的一场胜利呀！

然而，开标当天我们就傻眼了，尽管我们的实际报价比约定的价格低了很多，可是迪华公司的报价更低！他们完全不守信用。

关键时刻，信息委员会的梁主任和小伙伴们非常给力。由于我们的工程师全程参与了招标技术方案的制定过程，因此我们的技术标书非常完美，而相比之下，迪华公司的方案就差了很多，以此为理由，最后的综合评分，我们依然胜过了迪华公司，排在第一。

评标结束后，雄风集团发出了价格确认函，给参与公司一次重新报价的机会，我担心因为价格原因最后出问题，通过与梁主任和北电网络沟通，两方均给出了乐观的预期，均相信不会最低价中标。认为一切都在掌控中，只需小幅让价。而迪华公司却又进一步较大幅度降低了价格。听到这个消息后，我有了一种不祥的预感。

接下来的发展，进一步证实了我的预感，在总经理办公会上，主管业务的工程部主任抓住价格问题力挺迪华公司，指责梁主任有违纪之嫌，把价格高的公司评为第一，从而多拿好处。主管信息化的总会计师偏向了他的说法，最后确认综合排名第二但是价格低得多的迪华公司中标。

分析

我们在这个项目中工作做得不错，却由于五个错误的“相信”，最后丢掉了这个项目。

错误1：相信迪华公司的主要支持者是梁主任。

根据迪华公司多次赢得项目的历史来看，支持他们的应该不只是梁主任。如果仅仅是梁主任支持迪华公司，以梁主任的位置、每次的招标金额等分析看，有些项目比较大，明显不在梁主任控制范围内，所以不可能多次赢得项目。在求证到底谁是迪华公司支持者时，问及梁主任以及信息委员会的其他主任，都说是梁主任在支持他们，从而得出了错误结论，认为是梁主任在支持迪华公司。然而，通过招标中更多的事情发现，他们不只做好了梁主任的工作，其实集团总会计师和工程部主任，他们都做足了工作，这些人都支持迪华公司，起码他们不反对迪华公司。

错误2：相信了梁主任的控制力。

这是一个根本性的错误。其实不只是我们错误地相信了梁主任的控制力，最糟糕的是还有一个重要人物也错误地相信了他的控制力，这个人就是梁主任自己。梁主任确实是一个实实在在的知识分子，他真的相信迪华公司靠的是他！他把自己忽悠了，然后把我们也忽悠了。其实，迪华公司并没有依靠他，迪华公司做过他们公司的工作、做过他们工程部老总的工作，可能还做过其他人的工作，对这些，梁主任都轻视了，或者都不清楚。在最后，价格明显有问题的时候，他依然确信自己的影响力足够大，可以从技术角度来说服其他人，却被工程部主任说成有私下控制项目的嫌疑。

错误3：相信了北电网络的控制力。

由于那时北电网络很强势，曾经是全球通信行业市值第一，所以作为其代理商对北电网络还是有敬畏之情的。可是，迪华公司确实老到，不去听信北电网络，甚至耍了北电网络。

错误4：相信了迪华公司的承诺。

我们倒是没有完全相信迪华公司，但是没有想到他们有这么狠。

错误5：几个小项目的成功，使我们对自己的判断更加深信不疑。

在正式项目招标之前的一些小型项目的成功，完全误导了我们，使得我们深信梁主任及其小伙伴的控制力。在更高层面的关系方面，功课做得明显不够。这导致我们最后敢于报出高价，低估了迪华公司调动其高层的能力。

以上五个错误的“相信”互相叠加，使我们错误判断了局面，制定了错误的价格策略。最后丢掉了项目，总结一句话：梁主任，成也萧何败也萧何！

反观我们的对手迪华公司，他们一不相信梁主任（和高层保持更好的关系），二不相信北电网络（按照自己的理解报价，不相信北电的安排），三不相信我们（他们不相信我们会按照约定报价）。老到的策略，胜过了幼稚的想法，最后赢得了胜利。

无所畏惧，方得始终

与喜欢你的人、接受你的人、爱护你的人、认可你的人、有求于你的人、与你投缘的人、层次和经历与你比较接近的人或者是各个方面不如你的人在一起的时候，通常你会感觉心里比较舒服，我们说，这是处在心理舒适区，你正处在享受生活的状态。然而在做销售的过程中，大部分时间里，你恐怕难以待在心理舒适区。当你去拜访一个不熟悉的客户，遭遇客户的拒绝和冷遇时，或者处理一些棘手的事情时，你都难以待在心理舒适区，你必须勇敢地离开心理舒适区。然而，人通常有许多弱点，会妨碍你离开心理舒适区。一个销售人员必须要克服这些弱点，妨碍你进步的最大错误是畏惧。

很多人在许多事情上都有畏惧心理。在销售过程中，最主要的表现是：不敢去找用户的高层领导，而天天围着一些中层、下层人员打转。因为高层领导通常让人有一种高高在上的感觉，经常又有秘书挡路，见到这些领导就不太容易，见到后如何能把话谈好更不容易，害怕谈得不好，以后的项目不好推进。但是很遗憾，许多项目真正的决策人正是这些不太好打交道的高层领导，你必须与之打交道。要学会与之打交道，第一步就是：不要怕，不要怕，不要怕！逼自己勇敢地去找！

下面我通过一个案例来说明如何勇敢地去与高层领导打交道。

案例：拿出勇气来！

曾经有一个案例，是一个大型央企的项目。由于历史上的一些原因，我们得罪了该客户，这个客户的总经理很讨厌我们公司，他给下面的指示是，“尽量不购买这家公司的产品”。按照央企的级别，这个总经理算是国家副部级干部。如果我们要做这家央企的项目，首先必须要扭转这个总经理对我们的态度。

由于对方是一位高级领导，我们公司的老板决定亲自上阵，缓和一下关系。公司老板以我们公司大中华区总裁的身份，通过各种渠道（甚至是很正式的外事渠道）去约，谁知无论怎么约，人家都不答应见面。最后，只好决定大家去硬闯。结果好不容易躲过门卫、秘书处的层层阻拦，直接推开这位总经理的办公室，却被对方粗暴地撵了出来。

怎么办？老板们也没办法了，于是就把这个任务交给了我：必须拿下这个项目。

怎么办？只能硬着头皮上！可是一想起对方粗暴的态度、厌恶的表情，我实在是没有勇气拿起电话。俗话说“热脸贴冷屁股”，可是，即便是冷屁股，也比他的态度温暖许多。要想把这个人的态度扭转过来何其困难。我连打电话的勇气都没有。

我冷静地分析，怎样才能有勇气去面对他？逐渐摆脱极度沮丧的心情后，我认识到两点：

（1）人心都是肉长的，没有打动不了的铁石心肠。

（2）他们再讨厌我们，也不可能完全放弃我们的产品，有些应用场景里，要完全放弃我们的产品难度很大。

明白了这两点，我有了新的动力。

接下来，就是不断地、持续地尝试与之联系，打电话、发短信、路上偶遇、直接闯办公室，能做的都要做。当然，他会一如既往地拒绝我。每次行动，不管是拿起电话机，还是准备出去“偶遇”，我都格外沉重，我都要静坐3分钟，握紧拳头告诉自己：“不要畏惧，不要畏惧，不要畏惧！我就不相信我感化不了他。这次他的态度一定会好一点点的！”

经过一段时间的尝试，渐渐地，他的态度就不那么粗暴了，慢慢地，也不太以厌恶的口吻说话了。然而，我每次依然要告诉自己不要怕！最后，他终于同意了让我们公司高层去拜访的请求，同时，我和他也成了非常好的朋友。他甚至拿出他的日程安排表，让我给他安排什么时候见面比较好。

对于普通人，你可以畏惧，可以偷懒，可以难为情，也可以好面子，可是你是一个要干一番事业的销售人员，你必须对自己狠一点。你没有资格去畏惧，你必须随时随地焕发出勇气，与自己的怯懦做斗争，克服畏惧心理，冲破心理屏障，冲过去，你就赢了。

选择是成功的第一要素

业绩提升、事业成功最重要的是什么？勤奋？如果勤奋排第一，那么,“选择”至少应该并列排在第一！

要明白这个道理，大家可以去打几个晚上的四川麻将，会有非常好的体验。四川麻将的规则很独特，与人生、事业的成败特别契合。首先，只能“碰”不能“吃”，这是说，做人要懂规矩，不是什么事你都能做的；其次，上来就要甩掉一种花色，这就是要求你“选择”，这次“选择”，很大程度上左右了以后的打牌进程。人生也是这样，一个“选择”决定了以后的方向，方向错了，无异于南辕北辙，跑得越快，失败得也就越彻底。

在四川麻将中，早点和牌或是晚点和牌，输赢都只有一片两片的区别。只有出现了特殊的牌型组合，你才能输得比较大，或者是赢得比较多。比如你手里有3个“杠”，你赌和某一个牌，恰好有人给你点炮，那你就赢大了，每个人要给你10片，给你点炮的还要外加10片，算一下这一局你所赢的，是你连赢40局的总和。这个过程，也很像整个人生。大部分时候，你都是默默无闻，只是在做各种努力和准备，突然遇到一个特别的机遇，你恰好又抓住了，你可能就拿下了“大单”，或者实现了人生的飞跃。

打四川麻将，一晚上的输赢其实就是那其中一两局的输赢。而一个订单呢？可能是因为做对了一件关键的事情而取得了胜利。而在职场升迁呢？往往不是因为你勤勤恳恳、业绩好，而是站队正确，跟对了一个老板而已。人生的成功呢？可能是因为你进对了行业，选对了工作单位。

那么，“选择”是如何做出的呢？完全是“赌”吗？不是。必须要懂得“选择”的智慧，才能站对队。

继续来看一个案例，大家可以在案例中体会“选择”的智慧。在这个案例中，我帮助一个刚刚入行、没有勇气、没有智慧的初级销售人员正确选择了人生之路。下面我们管这个迷茫的小女孩叫小慧。

案例：南辕北辙将难以成功

多年以前，小慧来到一家名叫LDS的公司做销售工作。当时她还没有什么销售经验，招聘她进来的是一位姓周的销售副总监。当时她应聘的位置是负责新产品推广的“产品销售”，负责公司一款新产品“Run10”的产品销售工作。

当时在LDS公司销售管理是一个矩阵式的结构，与销售有关的岗位有3个业务线。第一个是“产品销售”，隶属于产品发展部。产品销售对某一款产品的销售额负责，当时LDS公司大约有10种产品，每款产品都有一个团队负责产品的研发、推广以及市场工作，“产品销售”隶属于这个团队。第二个是“渠道销售”，隶属于渠道联盟部门，负责发展渠道或者合作伙伴。第三个是“客户销售”，隶属于“大客户销售”部门，直接面向最终用户做工作。这三种销售之中，“客户销售”或者叫Account Sales，是真正的销售，客户销售是直接面向最终客户的；而“渠道销售”是负责发展合作伙伴的，配合客户销售工作；“产品销售”是负责某个产品的，离客户最远，也不能算是真正的销售，只能是一个配合、协调或者说支持的角色。LDS公司的销售管理矩阵和销售角色的定位大致如图16所示。

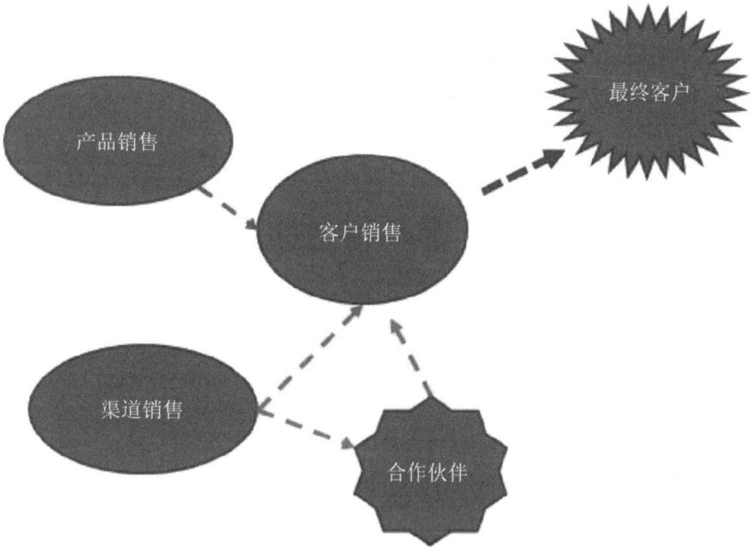

图 16　LDS 公司的销售团队结构图

当时刚刚开始接触销售类工作，小慧还没有什么销售经验，做一个“销售”还很不合格。不过小慧原来是学计算机的，算是技术背景比较好，而“产品销售”这个角色是支持前方的客户销售的，对销售技巧要求不算高，可能是因为这个原因，周总就招聘了她。当时面试她的还有周总的领导——刘总，另外还有一位产品销售副总监的夏总，事后据了解，其他两位老总对她的业务能力有一定的疑问，而周总拍板招聘了小慧。

这三位面试她的领导中，刘总目前的职位最高，他是纯技术研发出身，并没有做过销售；周总有点大老粗，一直做销售，但是以前都在一些本土的小集成商公司干，没有在大公司做过；而夏总一直在各个跨国公司做渠道管理工作，算是比较职业的类型。

和小慧一同招进来的还有其他几位新同事，按照进来的时间顺序，分别叫老大、老二、老三（小慧本人）、老四。4个人都汇报给周总，如图17所示。

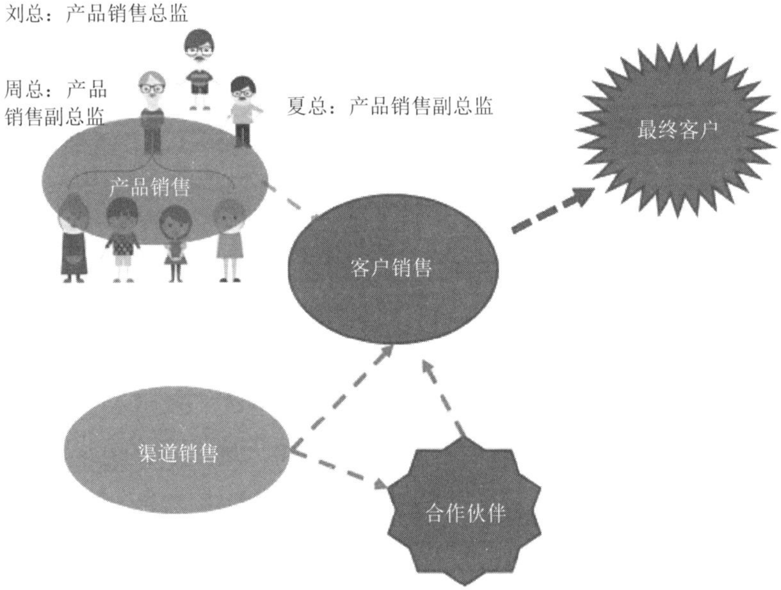

图 17　汇报链

4个人基本上前后脚进公司，不过每个人的情况却很不同。

老大是最先来的，年龄也比较大，估计快50岁了，职业经历比较多，做人圆滑、老到，但职场冲劲不足，求稳。

老二是晚了一个星期来的，年龄与小慧差不多。此人很多表现很怪异，按照小慧当时的情商以及智商，搞不清楚他到底是什么路数。比如，他经常在各种场合公开声称：“我就是冲着刘总来的，我喜欢与刘总合作。”可是他现在的工作明明是汇报给周总的。

老四比小慧略大一点点，之前在一家跨国公司工作，人很聪明，能力比较强，是小慧学习的对象。

工作了大概有半年，他们相互之间倒也相安无事。突然有一天，有一位公司副总裁突然给大家发邮件（此人平时跟大家鲜有来往），大意是最近要进行组织架构调整，正在讨论调整方案，请大家有事情可以直接找他商量。这封邮件发给了产品销售部门的所有人，但是里面没有小慧的总监刘总！给人感觉是，“刘总要离开了？”

大家正在疑惑时，公司一位更高位置的执行副总裁组织大家吃饭聊天，与大家沟通关于组织架构调整的一些想法。大部分领导和这4个小伙伴都参加了。在席间，这位副总裁表示，刘总还是我们的领导，并没有离开的计划。这相当于安抚一下大家？不过老二又语出惊人了一下："这是在打刘总的脸啊！"当时大家都吃惊这句话太冒失了。事后小慧就此事过来请教我，我仔细听了介绍，告诉小慧这句话：骂了人（副总裁）、踩了人（刘总）、犯了人（执行副总裁、周总）、乐了人（其他跟我们暗中竞争的团队）、害死人（他自己）。

又过了几天，产品销售总监刘总发了一封邮件，内容是关于调整组织结构的，大意是：

周总离开产品部门，去做客户销售部门的销售总监，主管政府大客户销售（言外之意，周总出去了）；夏总改任渠道总监（也出去了）；他自己还是产品线总监。希望大家留在产品部，继续做产品销售。

看来要进行组织架构调整的大结构明确了，而且变化还挺大。

接着刘总马上给这几个产品销售经理开会，他们以前的领导周总并没有参加。

在这次会议上，刘总要求他们几个留在产品部，不要跟随其他人到其他部门去，说"要跟着自己的心走，不要因为谁招聘了你就跟了谁。”

第二天，招聘小慧并且直接管他的周总也找到小慧，希望她跟他去销售部，改做客户销售人员。

然后，准备去渠道部门担任渠道总监的夏总，也过来和小慧谈，希望小慧跟他去渠道部门做渠道销售人员。

同时，主管电信行业大客户销售的宁总也来拉小慧。

一下子，局面有点复杂，小慧有点没了主意。这种复杂的局面如图18所示。

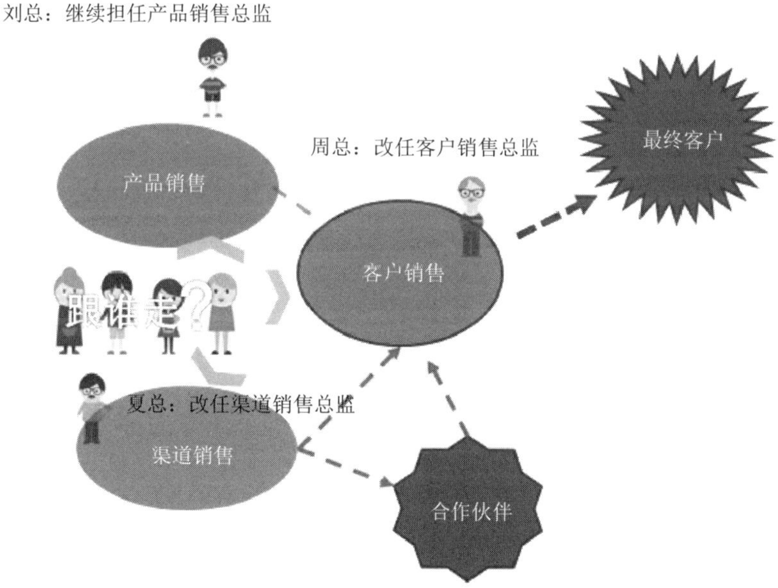

图18　组织结构重整

一下子有这么多选择，小慧确实没有办法做出决定！她又决定过来找我请教。我大她近20岁，在她眼中，我有着丰富的人生经历和职场经验，她认为我可以帮助她。

我非常详细地询问了所有相关的情况后，问她：

“你自己最想跟谁走呢？”

“我自己想留在产品销售团队，也就是跟着刘总。”

“你的理由？”

“首先产品销售我比较熟悉，做了半年了；其次我的销售经验还不足，我现在去客户销售部门恐怕难以胜任，压力太大；最后，刘总的水平更高一点，跟着他走更稳妥。”

“错！你必须跟着周总走。”

为什么？下面是我的深入分析。

首先，看大局。

从你们公司这段时间针对产品销售团队的动作以及针对这个团队的总监刘总来看，你们公司过去相对比较重视这个团队，也比较重视刘总，估计是因为前一段时间你们公司在“Run10”这个产品上的重点是产品定型、市场宣传和初步推广。这段时间以来，这款产品逐步成熟，下一步的重点就是要销售了。客户销售部门更加受到重视了，所以，下一步你们公司会在建立完善的客户销售团队上加大投入，而削弱产品销售团队。

你们的刘总做技术出身，没有做过销售。这样的人做管理，有一些问题特别难以克服。由于他们属于技术优而转管理，他们会把他们在技术上的优秀表现，不知不觉地转到管理上来，误以为自己做管理也很出色。事实上，由于他们没有在一线销售上摸爬滚打过，他们缺乏对人、对社会的深刻认识，一句话，他们的情商往往不太高。如果他们通过某种努力，克服了这样的自我认知谬误的状态，那么他们会很出色。但是通过你的描述，我觉得刘总目前正处于这种认知谬误状态之中，他对于机构调整的总体做法不是很认可，他认为自己应该能有更高的位置和权力范围，而不是像现在削减他的权力范围。简单说，他处在有野心、没能力的状态下，这时，你跟着刘总是危险的。

反观周总，他一直就是干前线客户销售的，是真正扛销售数据压力的。其销售基本功扎实，懂得自我定位，而且，客户销售是真正的销售，是一个公司的核心业务部门。目前又比较受重视，未来上升的可能性更大，至少，他们对销售业务有真正的话语权。

其次，看你们这几位小伙伴。

老大，此人求稳，没有冲劲，他不会选择跟随周总去压力过大的客户销售部门。

老二，此人很二，说话缺心眼儿，不会有老板愿意继续要他的。

老四，此人很职业，几个老板肯定都拉，他如果是真聪明，他会选择跟周总去客户销售部门，如果他糊涂一下，他也很可能留着不动，因为他要判断，这个公司谁以后更得势。

第三，看你自己的职业发展规划。

你现在想做好销售工作，那么你必须坚定地向客户销售方向转，其他渠道销售、产品销售都属于价值度不高的职业。因为客户销售是真正的大客户销售，其他渠道销售、产品销售都属于支持销售，辅助的、不控单、不打单，顶多就是协调一下，支持一下，在投标中，你没有话语权，你也得不到任何锻炼，你的综合能力无法提高。销售工作需要极高的情商、丰富的经验和分析能力，销售技巧需要在一线销售岗位上磨炼才能获得。你要多一点勇气，不要怕现在做不来，要勇敢地跨出这一步。干好了大客户销售，你的综合能力就真的提高了。

第四，我们来看看道义的原则。

周总是当时力主招你的人，这时，如果你没有跟他走，你将背负道义上的责任！事实上，不是他一个人在看你，别的领导也在看你，如果你凭着道义来选择，周总会感激你，欣赏你，他以后会真的把你当心腹看。而其他老总也会欣赏你，觉得你是一个靠得住的人，而像你们老二那样，谁会拿他当回事呢？

最后，我们来看看时机问题。

作为一个支持销售人员，要想成为一个真正的客户销售人员是需要机缘的。因为客户销售人员对人的要求高，如果你没有几年经验，没有哪个老板愿意带你。谁愿意在扛着巨大销售压力的情况下，去带一个新手呢？而目前这种局面，是你面临的一次绝佳机会！因为周总刚转到客户销售部门来当总监，他自己缺人手。他急需人手，这时，他就没有那么在意你缺乏经验！至少，你熟悉公司的流程、产品和人员，这几点，也比他出去招新人要好得多。但是，属于你的机会就在今天（最晚明天），过了这几天，他再也不会主动来叫你跟他走了，你将失去一次绝佳的职业提升机会！

结论：

马上给周总打电话，就是现在，向他表态！告诉他，你感谢他当初招聘了你，公司无论怎么变，无论他负责什么业务，你都坚决跟他走。

一席分析，醍醐灌顶！（这是她后来心有余悸地跟我说的。）她立即明白该如何去做，马上打电话表态。我听得出电话那边周总的开心和欣慰。打完电话，她说自己也感觉做出了正确的决定，一下子轻松下来。

接下来一年的发展变化，充分验证了我的分析。

由于小慧在关键时刻坚决选择了周总，周总几乎是手把手地教小慧如何去做单子，怎么分析，怎么判断，怎么做人际关系，各种战术如何组合。每一天她都在迅速地成长，而且，周总还把他多年经营的客户关系交给小慧去跟，使得她站在了“巨人的肩膀上”，销售业绩突飞猛进。一年的成长超过了前几年的总和。

反观当时一起进来的其他几位小伙伴：

天天声称“我最喜欢刘总”的老二，最后竟然去了渠道部门跟着夏总做渠道销售了，大家都特别看不上他。私下里人称“三姓家奴”。其老板夏总也从来不重用他。

老四，最后选择了刘总（一念之差），留在产品部门，半年后，由于刘总在业务管理上的一些失误，产品部门裁撤了“产品销售”岗位，老四就被裁掉了。想来周总这里，但是周总这里当时没有位置，他只好去渠道部门，但是渠道部门相对弱势，他晚来的又不受老板待见，所以他觉得很难受，没有前途，最后只好黯然辞职。

老大，求稳，目标明确，第一时间坚定选择去了渠道，得到了夏总的重视，干得也不错。不过由于渠道属于支持功能，原来他见了小慧，是轻视的感觉，而现在见了小慧，变得格外尊重，项目中的事情，得听小慧的。

通过这些案例和分析，您是否认为“选择”的智慧远远比努力更重要呢？

THE INCISIVE SALES

第三章 良好的职业习惯

人要成就事业，必须养成良好的职业习惯，否则不可能成功。为什么有的人成功了？是因为他们拥有“成功的习惯”。让我们来看看，一个业务人员要想上进必须学会哪些职业习惯。事实上，如果你能够践行这里所说的这些职业习惯，不只是做销售工作，你做任何事都更容易成功。

做一个自律的人

“自律”是一件非常不容易的事情。管理别人不容易，管理自己更困难。如果你能管理好自己，那么离成功已经不远了。

首先，必须懂得勤奋。

现在这个时代真的是太棒了！要想取得人生成功，可以不拼爹、不拼色相、不拼户口，只要懂得拼命就可以了。

> 不用拼爹、拼色相，懂得拼命就可以成功！

拼命，其实就是勤奋的一种形象的说法。把勤奋变成一种生活习惯，享受勤奋的生活方式。如果你一向比较懒，那么恭喜你，改变自身习惯、瞬间让自己踏上成功之路的方法来了，那就是让自己更勤奋。

勤奋，说起来简单，做到却不容易。我曾经在网上看到一篇文章说“大部分人努力程度之低，根本轮不到拼天赋”，我觉得写得非常好。我再把这句话稍微修改一下：“大部分人努力程度之低，根本没资格谈理想”，我们来看看那些成功人士是如何勤奋工作的。

有报道说，前英国首相撒切尔夫人每天凌晨5点起床；美国著名建筑师莱特凌晨4点起床；迪士尼执行长艾格则把闹钟定在4点30分；首富王建林凌晨4点起床锻炼；百度CEO李彦宏每天5点多就“被机会叫醒”；联想创始人柳传志也是这个时段起床。

他们不只是起得早，他们也爱熬夜。许家印早年创业时，凌晨三四点才回家睡觉；腾讯员工常在一大早就收到马化腾的邮件，发件时间大多是昨晚十一二点；俞敏洪几十年不换发型，保持6～9毫米的超短发，只为节省时间——只需一分钟就能洗好头。

早起晚睡，分秒必争，比你有钱还比你拼命，成功人士的作息成为鸡汤文的最好题材。王建林的日程表里，从凌晨4点到晚上7点多，他飞了三个城市，签了500亿元的合同，但这十多个小时里，他真正露面的时间只有35分钟：15分钟会见地方政府领导，20分钟出席签约仪式，其他时间都是在路上。当然，首富在路上也没闲着，他在私人飞机上开会研究项目，晚上回到办公室还要继续处理公司事务。

> 大部分人努力程度之低，根本没有资格谈理想。

这些人免不了各种会议和应酬，他们醒着的时间都塞满了开会与应酬。雷军在央视的节目上自曝忙碌状态：3分钟吃一顿饭，一天开11个会。有“IT劳模”之称的雷军，工作时要和董事会聊、和合作伙伴聊、和公司业务人员聊，电话会议接着现场会议，聊战略、聊产品、聊业绩。

常常半夜还不睡的许家印曾在凌晨去机场接里皮，为球队设宴。传闻他精力充沛，喝了酒头脑也照样清醒，管理层周会有时就在应酬后开。

不只是这些成功人士才这么忘我工作，许多不算这么成功的中产阶层也都这么勤奋。有人点评：加班成了任何有志向、有抱负的中国人的必备品。《中国智能出行2015大数据报告》显示，奇虎360、阿里巴巴、京东、百度、腾讯等知名互联网公司员工平均下班时间在20:18左右。其中，奇虎360为了照顾加班员工，食堂营业时间长达16个小时。360公司曾开发专门的食堂订餐App，以减少员工排队的时间。

可能有的人会说，他们勤奋是因为他们工资高、报酬高！这种想法完全错了，事实上正好相反，他们是因为勤奋，才会有机会得到高工资、高报酬。

> 企业家比你有钱，还比你拼命。

养成勤奋的习惯不容易，如何才能更勤奋呢？我给大家一个很好的建议，就是首先学会早起。

大家熟悉的李嘉诚的生活习惯是怎样的呢？我们来看看他自己怎么说的：

“不论晚上何时睡觉，早上一定在固定的时间起床，早上闹钟一响便一定起床，因为要听电台的新闻报道，这是一天的开始。6点开始打球，打一个半小时，这一个半小时完全属于我自己，这以后的时间要处理其他业务和工作，那些时间一定不属于我自己。做生意要冷静，打球也一样，第一杆即使打得不好，也要足够冷静，这并不表示这个球就会输。这和做人、做生意一样，有高有低。比如，在身处逆境的时候你要考虑该如何来应付。”

有很多做软件开发的、做艺术设计的人，都有晚上工作的习惯，他们认为晚上的工作质量更高。许多业务人员也都有晚上应酬的习惯，一顿应酬再加上一场麻将，回家时已经是凌晨了。但根据某些杂志调查发现，早起的人做事较积极且效率较高。此外，拥有“上班前生活”也更有益健康。

笔者自己原来是做软件开发的，后来又做销售，一直有晚睡的习惯。突然有一天发现自己血压高了，于是决定改变生活习惯，坚持早睡早起。亲身体会到了早起的好处。

首先，早起迎着朝阳去上班，有一种走在时间前面、掌控自己人生的感觉。人的状态非常好，自信心更强。

其次，早起会把一切都变得非常从容，有时间充分收拾好自己的仪容；早起不堵车，一路畅通地来到公司。比起很晚起来，慌慌张张地抹把脸，然后去挤公交，挣扎着在上班时间前一秒赶到公司，一天的状态都不同。下回你上班时，能否先看看自己的形象？胡子刮了吗？看看自己的鞋子擦过没有？衬衣熨烫过了

图 19　一个阳光自信的你和一个惊慌失措的你，你喜欢哪一个？

吗？有没有一脑门的汗珠？你的样子是匆忙慌张还是阳光自信？你要以哪种形象出现在同事和客户面前？

然后，早起让你有时间去思考。早上没有太多短信、微信，周围也没有什么人总找你说话办事。这个时间是你自己的，你可以心无旁骛地去做事情或者去思考，这个时候的效率应该是最高的。

除了勤奋，你必须做好自己的时间管理，做到绝不拖延。

如果有拖延的习惯（估计每个人都或多或少有一些），那么马上行动起来，改变自己拖拉的习惯，新的人生又开启了。拖延有多糟糕呢？说拖延有多糟糕都不过分！拖延症的严重程度和人生失败的可能性是成正比的。

你的拖延症有多严重？大家对照一下下面这个清单，看看这个清单里的行为，你有哪几样：

（1）赶火车或者赶飞机，不止一次误过点。

（2）与朋友约会，有时会迟到。

（3）集体活动出行中，未按照约定时间赶到集合地点，害得其他人等待。

（4）心里想着千万别迟到，结果公司的办公会议上还是迟到了。

（5）经常在最后一分钟完成一些重要的事情。比如在最后一天熬夜加班，勉强做好老板要求的文稿。

（6）玩了一个暑假，开学前几天，才想起写暑假作业。

如果以上这些行为，你一条也没有过，那么恭喜你，你现在肯定是一个非常成功的人，这部分的内容不用再往下看，直接跳过，去阅读下一节吧。如果每一条都有，那么请你务必仔细阅读下面的内容。如果不改掉拖延的毛病，这辈子终将一事无成。

我曾经是一个比较爱拖延的人，后来自己下决心改掉拖延的毛病。拖延是如何导致的呢？为什么有时一边想着这次绝对不迟到，结果还是迟到了呢？来仔细看一下一次真实拖延的分析过程。

案例：拖延是如何产生的

那是一次集体活动迟到。尽管我尽力地注意提醒自己别迟到，还是在一次早晨的集体活动中迟到了。那天早晨醒来后，收到团员杨杰的短信，说她不去吃早餐了，我就对她说会给她带一点儿上来（第一个错误想法，早晨时间很紧张，为别人带东西这个想法有问题）。在吃早餐前我没有完全收拾好就下去了（第二个错误做法，为什么没有提前做好准备？）。下去之前我想吃完饭再上来刷牙（第三个错误想法，时间紧张，刷牙的事情可有可无）。吃完饭后为了给杨杰带吃的我到处找餐盒，浪费了时间（第四个错误做法，为什么不时时看着点时间？），找到餐盒带好东西上楼，刷牙，收拾（还是这个错误，赶时间的时候你怎么不看着时间？可以不做的事情就别做啦！）。下楼上车后，全车的人都在说小组长迟到了。结果还掏了50元交罚款。这是时间管理没有做好。如果不犯上面说的4个错误，就不会有这次迟到，所以说，迟到是由一些错误的习惯导致的。下面是我总结的生活习惯，请培养这些习惯，这将极大减少迟到或拖延情况的发生。

1. 准备

提前半天做准备，比如收拾包、签到、预订等。如果约了第二天一早约会，那么前一天晚上一定要早睡，收拾好要带的东西，务必准备好出行工具。

2. 不做事与快做事

事情安排两极分化：不是必须马上做的事情尽量不做；必须马上做的事尽量早做。千万不要看时间好像还允许，去做一些突然想起来的、与赶时间无关的事情。

3. 安排提前量

赶时间的时候，多打出点时间富余量，提前赶到，哪怕多浪费些时间。

4. 安排别人是最高优先级

任何时候，都要把需要安排给别人的事情以最快的速度安排好。

5. 授权和委托

琐碎而细致的任务尽可能分解开并安排给别人。

6. 从容而不仓促

在时间从容的时候赶快把事情按照先重要后次要的原则去做了，感觉时间仓促时尽量不做。

7. 关注时间

特别是赶时间的时候，如果确实没办法要在时间仓促的时候去处理一些事情，那么务必注意时间。

8. 守住时间底线

规定一个必须严格遵守的时间底线。

9. 一段时间只安排一件事

别试图在一小段时间内塞进两件以上的事情，各种意外都可能会发生，会把两件事都耽误了。

要做到严格自律、勤奋工作、不浪费时间、不拖延并不容易，需要非常强的自我管理能力。平日里不抓紧点滴时间造成的小损失不容易被人注意。为了养成严格自律、抓紧时间、勤奋工作的习惯，现在，请自己问一下自己，由于不够勤奋，大概多久没有取得好的工作成绩了？假设有半年，那么再问一下自己：

“这都半年多了，有多少个半年可以浪费？”

有一个有趣的统计，假设一个人一生是60年，那么他的一生是由哪些事情构成的呢？

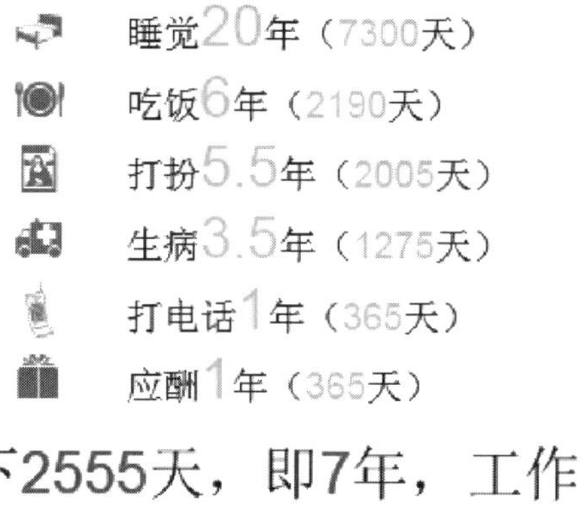

图 20　去掉吃饭、睡觉，人生其实一共就 7 年，你还睡得着吗？

是不是一下子就有紧迫感了？你还有心情偷懒吗？

做一个有趣的人

业务人员也好，企业领导也罢，都要有一定的个人魅力，才能让人喜欢并与你友好相处，从而更好地维持人际关系。试想，谁愿意和一个冷冰冰、拒人于千里之外的人去交往呢？

那么，如何培养一个人的个人魅力呢？我有这样几个建议。

培养一个爱好

培养一个健康的、可以终身从事的个人爱好。不管是音乐的、体育的，还是别的一些都行，但是一定要是健康的。如果一个人想在商场上成就大事业，我强烈建议你培养一个体育爱好。体育带给人的不只是健康的身体，体育在培养个人情趣、意志品质、组织能力、沟通能力、结交朋友甚至体会商战技巧方面都非常有价值。伟大的教育家蔡元培说过：“人的健全，不但靠饮食，尤其靠运动。体育可以帮助人们经受对体力和脑力的锻炼。”事实上，国内外许多大学都非常重视体育教学。

体育运动对人的意志力的培养和商战技巧的培养不仅体现在平时的锻炼上，还体现在比赛中。

图 21　重视体育教育的教育家

体育比赛是一个互相对抗拼搏的过程，往往是筋疲力尽了还要坚持到比赛结束，此时的身体可能都非常疲劳了，但是不到比赛结束也不能休息，只能咬牙坚持。所以体育比赛对意志力的培养很充分。如果你经常参加体育比赛，熬过一次次身体的极限，你的意志力会得到很大的锻炼。

另外，由于体育比赛是一个互相竞争的过程，如何取得比赛的胜利，不能只看意志力，更要看技术、战术水平。实际上，在体育比赛中，比身体，更比动脑，选择合适的比赛策略有时比技术更重要。战术意识的培养，其实就是动脑能力的培养。另外，体育比赛中战术的选择和商业竞争中的策略选择非常相似，某些战术甚至可以直接套用。

笔者经常参加网球比赛和足球比赛，对以上两点的体会很深。一次次的比赛，使得我的心理素质非常好，意志力很强，很善于自我管理，生活和工作中遇到困难，不会惊慌失措，敢于挑战重大的机遇。另外，经名师指点，我在比赛中的战术意识非常强，这极大地加强了我的思考能力，同时，在比赛中学习的一些比赛战术，可以直接使用到工作竞争策略中。比如，在比分落后时，使用稳守策略，等待对手失误；在比分占先时，使用进取策略，以便快速结束战斗；当获得较大优势时，使用跟随战略，以便稳操胜券；当劣势明显时，宜使用冒险策略，放手一搏。这些比赛中的典型战术选择，和商业竞争中的战略选择何其相似，事实上，二者都是博弈论的经典博弈策略在不同领域的运用。如果能够举一反三，则会在体育比赛中获得非常有用的经验。

笔者认识一个刚刚上大学的小同学，他在班级活动中表现出了非常好的组织、协调能力以及心理素质，感觉远超其他同学。一问才知，这位同学自小就在体校学习网球。有一次聊天，他谈起网球对他的影响，他回忆道：

“网球比赛的成功对我的心理塑造起到了至关重要的作用。记得有一次全省比赛，我和另外一个高年级的同学争夺冠军，那个对手的能力和身体素质好一点，我一直处于劣势。但是在关键局中，对方急于获胜，我就利用他的这种心理，跟他打稳、打点，就是不打攻击性的回球（这种球相对容易失误），每个球争取好的落点。这个战术果然奏效，对方由于急于求成，失误增多，越打越急躁，最后心理崩溃，输掉了比赛。从这个比赛中，我收获了良好的心理素质、策略意识，自信心也有了极大的提升。”

掌握一些吃喝玩乐的资源并准备几个笑话

这两个小建议看起来比较俗气，但是在和客户相处过程中却很实用。中国人喜欢在喝茶饮酒中谈些正事，找一个环境好的地方，让客户心情舒畅，成单概率自然提高。在气氛尴尬时，讲个小笑话，活跃气氛，是一个特别好的方法。同时，我要提醒您，与人谈话、进餐时不要玩手机！

图 22　这样轻松的气氛里，交流会非常愉快顺畅

做一个聪明的人

学会看相

所谓“学会看相”，是说你得像一个真的算命先生一样学会识人。通过简单的交流、观察，你大致可以判断出一个人的个性特点，从而决定如何与之交往。

社会上流行许多关于人的性格特点的学说，比如：星座，认为人的星座会影响人的个性；希波克拉底人格类型，按照四种体液区分人的性格；出生顺序说法，认为可以从出生顺序推断人的个性特点。而目前最为公认的是“五因素模型”，在这个模型中，把人的个性从五个维度来进行度量，分别是：外向性、和悦性、公正性、情绪性以及创造性。在与人打交道时，可以对对方在五个方面做个评估，从而决定正确的交往方式。比如，描述“和悦性”使用的度量词（从正面到负面）包括：有同情心的、善良的、亲切的、冷淡的、好争吵的、残酷的。显然，对于“和悦性”强的人（比较善良有同情心的），使用后面介绍的“强攻战术”比较好，而对于“和悦性”差的人（比较残酷冷漠的人），则使用“威吓战术”就会好一些。换句俗话说，吃软不吃硬的人，是属于“和悦性”较强的人，反之则属于“和悦性”较差的人。对于不同特质的人，要使用不同的策略去影响他，才能起到事半功倍的效果。

明察秋毫

对于销售人员来说，要做个“包打听”，自己地盘里的各种事情，一定要明察秋毫，不能有所疏漏。或者说，销售要像海

图 23　一只野狗钻进篱笆，你要能洞察到

绵一样，拼命地吸收各种信息。用一种更加通俗的说法，假如你是一个销售人员，去一个庄园里度假，那你夜夜都要出来巡察，晚上进来个野狗你都要知道！而且，出来巡察，要拿着望远镜去巡察，更要带着显微镜去观察，对周围发生的事情一定要洞若观火。

要有创新精神

创业需要创新，而做销售工作，看起来好像是一件很传统的事情，好像很少讲“创新”，其实同样需要有强烈的创新意识。在销售工作的很多环节中，其实都有很多创新的空间。比如，用户很想购买我们的一些产品，但是年度预算不太够，怎么办？这时，你就要开动脑筋想办法，尝试一下找个中间商来垫款行不行。再比如，按照公司政策，某些用户条款是不能同意的，如果不同意用户的一些条款，那么这个项目就得放弃，这时想想办法，看有没有变通的条款可以用。再比如，用户的某个部门很长时间都没有新项目，这时，能否看看这个用户别的部门有没有项目。用户今天没有项目，那么将来是否有项目？自己的业务前瞻性还是否要增强一些？对于有些用户，大家都没有发现项目机会，那么我们是否应该更广泛地与其沟通，发掘别人看不到的生意机会？传统的直销模式其销售量增长缓慢，那么是否可以考虑分销模式？总之，在销售这种老行当中，有许多创新机会。要有强烈的创新意识，大胆尝试新的方法，才能催生巨大的商业机会。

要主动找事

销售是个“没事找事”的工作，你不能总被别人推着走。比如，老板经常来教你做什么，客户总来催你做什么，合作伙伴总来张罗一些事情，这些都不好，你一定要有主动的精神，主动去找事做。我们有时会说某某人“会来事”。一句“会来事”，信息很丰富，怎样做叫会来事呢？就是你要主动地张罗起一些事情，带动别人的热情。比如，周末张罗大家搞郊游，安排和客户一起搞技术交流，安排自己的高层和客户的高层做拜访，打听客户决策人的生日，悄悄为其安排一个生日宴会，等等。这些都要主动去做，不要等别人提醒你才想起来去做，那样就太被动了。记住：不要死气沉沉，要会搞事情！

图 24　把事情搞起来，让周围的人兴奋起来

我们是销售，我们是王

销售这个职业不简单，要熟读兵书、精于人情世故、懂业务、会技术、能高雅，也能低俗，要能把别人腰包里的钱忽悠到自己的腰包里来。这不是容易的职业，每个销售都是大牛人！销

售人员其实都是大将，位置再低也不是小兵，可以藐视一切。销售业务人员要有对结果的不断追求。记住：你是王！要有挑战困难的勇气和自信；摔倒后马上爬起来，直起腰，告诉自己，困难都是暂时的，你必将成功。

图 25 洞悉客户的需求

在合适的时候表现自己

在合适的时候要懂得表现自己。有件事情让我印象深刻。有次新年晚会，我们团队打算一起唱一首歌，我们团队有两个比较活跃的同事，一个小美女，还有一个帅哥，他们两个是唱歌的主力。记得在排练歌曲时，有一段特别有激情，原唱中有一个歌星在台上脱光了上衣，现场气氛非常热烈。我们觉得这个环节特别好，特别出气氛，大家就让这个帅哥在正式演出时脱掉上衣，调动气氛（此人平时貌似很豪爽），可是他磨磨唧唧，说自己不好意思。结果旁边的小美女就表现得特别豪爽，说："如果需要，我就脱！"结果大家就都特别喜欢这个小女孩，而对这个帅哥的看法就不好了。这里的帅哥就属于不懂表现自己，而这个女孩懂得表现自己。其实，就是一个态度而已，谁会真要求一个女孩在台上脱衣服呢？这个帅哥就是不善于表现，后来，他果然因为业绩不太好被劝退了。

"贼不走空"

古代的梁上君子去别人家里偷东西的时候，无论如何都要带点东西走。哪怕这家里没啥东西，哪怕偷一双鞋走也行，总之，不能空手而归！这就叫“贼不走空”。我们用这句话来比喻销售人员做工作，每一次去拜访客户，一定要得到一些东西回来。可能是项目信息，可能是客户的个人情况等，绝对不能空手而归。实践中，经常有一些业务人员跑去陪客户喝得大醉回来，醒来后问他：“客户项目的预算是多少？”经常得到的回答是：“哦，不好意思，光顾着喝酒了，没有问到预算的事情。”其实，“贼不走空”这个观点，就是要求业务人员做事情要以目标为导向，不要凭感觉意气做事。如果你经常因为一时兴起而忘记了要做的事情，那么你不是一个以目标为导向的人。如果想做一个出色的业务人员，务必要成为一个以目标为导向的人。一个业务人员如果只凭感觉做事，最终将一事无成。

不要高估你自己的作用

销售人员经常会高估自己对用户的影响力（其实所有的人都容易高估自己的能力）。实际上，用户不是因为你的工作选择了你的产品，而是因为你的产品确实好，或者是价格比较便宜，或者是因为对手表现得太差，等等。总之，不要高估自己的作用。产品的市场占有率、技术水平、历史原因、碰上了猪一样的对

图 26　搞清楚事情背后的真相

手、运气等原因，都有可能是促使客户下决心的原因，而你自己很可能简单地把客户选择你的原因归结为你的工作做得好。

喝酒的方法

在中国做业务，恐怕都会上酒局。如果你不能喝，在一定场合又非喝不可，怎么办呢？我给你两个建议，要么你就装病，彻底不喝；要么你就拼命。不过在你决定如何做之前，最好搞清楚一件事，别人为什么非要你喝？是否有恶意成分在里面？如果别人有恶意，那么你也不用客气，直接拒绝就行，也不用怕伤了和气。

图 27　在一满杯酒前，请选择并坚定执行：装病，还是拼命？

巧妙处理和异性的关系

那个男客户喜欢上我了怎么办？我还有求于他。相信不少女性销售员遇到过这样的问题，这确实是两难的问题。难道非要被潜规则才行吗？我给你的建议是，要减少对方产生非分之想的可能性，最好在穿衣、打扮、言谈、举止等方面小心处理，使用身体语言无声地拒绝别人。比如，戴上表示已婚的戒指，穿衣风格可以略显土气，或者装扮得非常职业化，避免挑逗性的化妆。对有亲热嫌疑的动作和话语给予拒绝性的暗示。

搞明白用户的需求很重要

有一个流传得特别广泛的笑话：某富翁想要娶老婆，有三个人选，富翁给了三个女孩各1000元，请她们把房间装满。第一个女孩买了很多棉花，装满房间的1/2；第二个女孩买了很多气球，装满房间的3/4；第三个女孩买了蜡烛，让光线充满房间。最终，富翁选了哪个呢？大家一定要先猜一下，才往下看答案。正确答案是：最漂亮的那个。好笑吗？有人在网络上转载，并在最后加了一句："这个故事告诉我们：了解用户的真实需求非常重要。"做销售的业务人员，如果不能把握用户的真正需求，就不可能成

图 28　这样的装束不够职业化

功。在工程项目招标中，销售人员很容易犯的一个错误是，搞不清楚用户究竟是对价格更敏感还是对产品的技术含量或者是品质更看中。以我在央企多年投标的经验来看，对于央企来说，它们对价格不是那么敏感，对技术含量要求较高。

做一个冷静的人

多年以前，我和老板一起过马路。在地下通道里，一个样子非常可怜的乞丐卧在地上，面前放着一个大木牌子，上面写着"家里有天大的冤情……求大家帮助"，我过去读了一下，又看看乞丐的样子，遂起了怜悯之心，就给了他一些钱。

然后和老板一起离开。老板问我："你为什么给钱？"

"你看那牌子上写的冤情，这个乞丐多可怜啊！"

"大哥，你30岁了，不是3岁，这些话你也相信？这个乞丐可能比你我都富有！"

一句话，说得我语塞。

是啊，我们不是孩子了，要有独立的思考能力，不能轻易被事物的表面现象所迷惑，从而做出错误的决定。但是，现实中，

图 29　这样的乞讨者可能比你还富有

即便是一个受过良好教育的成人，也经常会被一些表面现象所蒙骗，或者被自己的冲动所左右，从而做出一些很“二”的事情。我们来看一个很经典的案例，来看看大家是如何被蒙蔽的，同时一群清醒的人又是怎么帮助大家厘清真相的。

案例：一次性筷子事件

国内某家非常著名的报纸，在2004年的某期上刊登了这样一篇文章：《日本奢侈消费中国森林　一次性筷子96%来自中国》。大概内容是说：经过一个记者在日本的实地走访和调查，发现日本的一次性筷子几乎全是从中国进口的。文中列出了具体数据：日本农林水产省林野厅去年的统计数据显示，日本全年一次性筷子的消耗量约为257亿双，人均消费200双左右。同时，日本国内一次性筷子的产量仅占3%左右，其余97%都是依靠进口，其中从中国进口的一次性筷子占全部进口量的99%。这就是说，日本约96%的一次性筷子来自中国。那么为什么日本要从中国进口一次性筷子呢？因为日本没有森林吗？实际上日本国内森林覆盖率近64%，是世界上森林覆盖率最高的国家之一；中国森林覆盖率不到17%。既然是这样，日本人为什么不砍伐自己的森林用于生产一次性筷子，却大量进口中国的一次性筷子呢？

文章指出，这就是日本人的眼光和聪明之处了。大量使用中国的一次性筷子，消耗了中国的森林资源，而对日本的森林资源则保护起来。同时，回收一次性筷子用于造纸。

图 30　记住你的年龄，是几十岁，不是几岁，遇事一定要动脑子

文章同时对中国的一次性筷子对日出口的数量进行了计算，如果按一棵成年树木能够生产出一1万双筷子计算，那么中国对日出口的200多亿双一次性筷子至少需要250万棵树，需要砍伐掉数万平方公里的森林。所以，对日出口一次性筷子，对我国的林业资源是极大的损害，等于是日本人对中国资源进行掠夺。

这篇文章登出后，引起了全国人民的广泛关注，大家纷纷加入了讨论，从而形成了一股社会舆论风潮，要求对一次性筷子的出口进行管制，从而避免中国的森林资源被日本人掠夺。

这种广泛的讨论和关注，终于引起了国家主管机关的关注，遂下了一个行政命令，禁止中国向日本出口“一次性筷子”。

这样，大家似乎都松了一口气，咱们国家的森林资源终于保住了。

这个事情同样引起了几位北大教授的关注。他们是我的老师，他们从来就不会“人云亦云”，非常注重独立思考和实际调查。他们对这个事件提出了一定的疑问，他们首先怀疑“99%”、“200万”这些震撼性数字的来源是否真实，其次，他们对向日本出口一次性筷子是否对中国有这么大的影响也很怀疑。他们决定做一次实地考察。

他们来到出口一次性筷子的主要产地，东北某林业基地，看到了与媒体相反的情况。

首先，用于出口筷子的树种来自需要不断更新的树木，适当砍伐有利于森林再生，这些树种属于比较劣质的树种，是没有其他用途的树种，砍伐它们有利于生态平衡。另外，这些筷子也是使用边角料做的，基本没有别的用处。最后，相比每年整个东北地区林业行业向外供应的树木，用于出口筷子所占用的树木数量比例非常低，对于我国森林储量基本上没有影响。

当国家出台了相关规定之后，当地停止了出口筷子，反而使当时从事对日一次性筷子出口产业链的相关人群陷入了失业的困境。不得不把原来用于出口创汇的那些原材料当柴火卖掉。

这个故事非常引人深思。这是我在念MBA时在课堂上学到的，从这个故事中可以看到，我们必须保持清醒的头脑以及理性的状态，不能人云亦云或者头脑发热，这样才能看到事情的真相。

销售人员同样必须养成独立思考的习惯，不管在任何时候，都要保持清醒的头脑，不被复杂的局势所迷惑，才能做出正确的判断。这点，在我前面所讲的一些销售案例中也得到过很多印证。在项目机会跟进过程中，多方博弈，场面可能很复杂，我们必须要保持清醒的头脑，在需要时，做出正确的选择，这样才可能取得最后的胜利。

> 当你想做一件事情时，别着急马上就做，先让想法飞一会儿，这样你就会更加客观地做出决策。

如何在各种表象的面前保持独立、清醒的状态？我给你一个建议，在你有某种想法的时候，不要急于做出决定，学会让想法飞一会儿，不要急。这是一个非常好的经验。当你把想法放一会的时候，可能因为善良或者糊涂产生的冲动，就会慢慢淡化，你会摆脱情绪的左右，回归理性状态，或者想到一些没有想到的因素，促使你更加客观地做出决策。

总的来讲，普通人大都是感觉型、冲动型、随大溜型（随众现象很厉害，互相影响）的。作为一个立志有所成就的人，你要把自己转变成理性的人，就是一个所谓“冷静的人”。一个“冷静的人”，会充分认识到事情不是单靠热情做成的，必须有头脑才行。会思考问题，对眼前所发生的事情有判断力。一个“冷静的人”，会在别人热情万丈的时候保持冷静。会有意识、有能力透过纷繁复杂的外在现象看到事物的本质。一个“冷静的人”懂得，做任何事情都先要厘清思路，不急躁，欲速则不达。

经过上面的分析，可以看出，所谓“冷静的人”，其实就是指理性的人，少些冲动、意气用事，多些冷静的思考。下面具体说明销售工作中我们如何更有头脑地处理问题，从而把业务工作做得更好。

如果在客户决策链中有你的“同盟者”，他们会给你传递消息，帮你说话，但你不要高兴得太早，你要思考一个问题，他们为什么要帮助你？背后的真实原因是什么？他们期待的回报是什么？不要稀里糊涂地以为别人一直会帮助你，如果你不能给予别人所期待的，他们的帮助可能会随时中断。

在做客户工作时，不要去“想当然”，老板的承诺、用户的承诺、合作伙伴的承诺、貌似友好的态度，都要想方设法去再次确认，要做实。不要以为别人说了就一定做，上次做了，这次还会做。意想不到的事情才是意料之中的状况。

与客户谈合同，对于对方的履约能力一定要慎重考察，不要被对方华丽的外表、诚恳的态度蒙蔽，要看清对方的真实状况，很多商业诈骗都是先取得信任再实施诈骗。

如果与你打交道的是一个美女，那么请不要被美色所迷惑，要时刻提醒自己保持清醒，勿要被外表迷惑，从而做出让自己后悔的决定。

慎重承诺。承诺之前，请务必三思，务必要先问自己，一定要这么承诺吗？承诺之后自己一定不会后悔吗？人们经常会因为一时高兴，做出过多的承诺，冷静下来之后又后悔。在承诺之前，一定要慎重。

学会拒绝。一个好的业务人员或者管理者必须要学会拒绝。人人都会受到别人或者是外界因素的影响，不要受到压力就轻易地同意什么，你必须要学会拒绝一些你难以接受的东西，接受太多，你的压力会很大。当你感觉你的压力增大、难以做到时，要给自己减负，一定要学会拒绝。

第四章
决 策 分 析

前面我们分三个层面介绍了做好销售人员所需要具备的能力或素质。做到这三个层面，您已经十分优秀了。不过前面的三个层面还停留在“感性王国”，接下来，我们将进入“理性王国”——学会如何用脑做事情。只有学会用脑做事情，才能迈向真正的成功。

在竞标的过程中，并不是简单的我方和客户方两方，可能还存在其他参与方，比如竞争对手、合作伙伴等多种势力，这些势力之间会形成博弈的局面，互相纠缠，各有各的诉求。整个局面可能会比较复杂。作为业务人员，必须要善于分析问题，厘清因果关系，才能找到好的应对策略，从而最后赢得项目。

下面我们首先来介绍最终用户决策链的分析技巧，并且我们会介绍使用“定量”的方式来分析决策链，使用这种方式来分析问题，可以得出精确的数据，从而得到更准确的结论。

影响决策的因素

我们借用心理学中关于决策心理的理论，把工程项目招标中对决策的影响因素分为System 1和System 2。

图 31　System 1 处理的事情

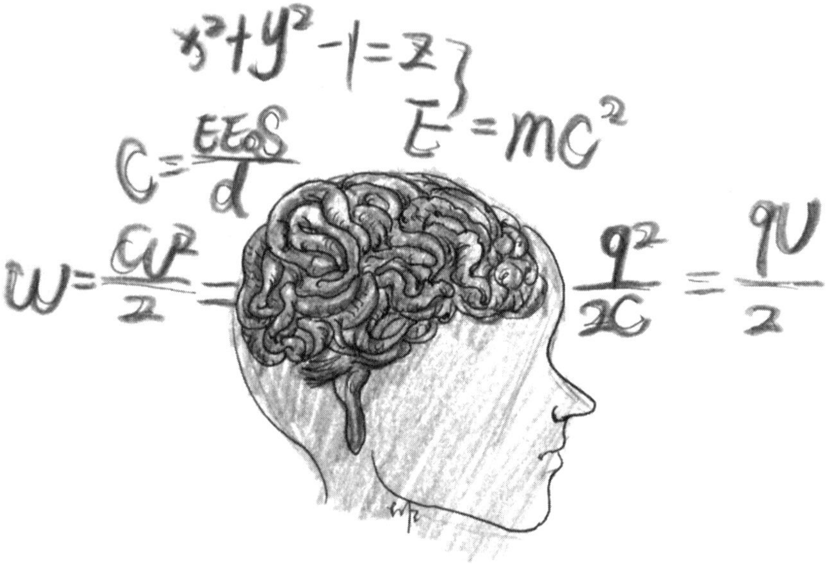

图 32　System 2 处理的事情

System 1：无须费力思考、凭感觉的反应、感性的因素（Fast Thinking），包括个人的影响和组织的影响。

System 2：需要思考、计算、理性分析的因素（Slow Thinking），这实质上就是对需求（包括技术及商务上的需求）的满足程度，这包括技术、价格以及商务条款。

以上区分了影响决策链的各个因素。最终决策结果的形成可以从两个角度来考虑：从人的角度来看，是多人互相影响的结果；从因素分析上来看，是多种因素互相作用的结果。下面我们来详细分析每一种因素是如何对最终结果造成影响的。

个人的影响

销售是什么？销售就是搞定人！实际上，销售的过程就是不断想办法提升影响力去影响那些关键决策人的过程。所以，System 1感觉因素实际上就是研究如何衡量和提升人或组织“影响力”的过程。

在工程项目招标中，个人的影响主要是指乙方的人员（主要是销售人员，比如销售代表）对甲方的决策人员的影响力。

“个人影响力”的产生有很多种方式，下面简单总结说明。

1. 亲缘关系

亲缘关系特指家庭成员之间或者是发生了婚姻关系的双方之间的关系。这些成员之间联系的纽带是感情。这种感情可能会对决策造成致命的影响。在亲缘关系中，又可以细分为：恋爱关系、夫妻关系、父母与子女关系、兄弟姐妹之间的关系。

2. 人际关系

人际关系是指没有亲缘关系的人与人之间的感情关系。

如果人与人之间建立了“友谊”，人们便互相称为朋友。其实“友谊”也是一种感情，与亲缘关系之间的感情相比，可以理解为一种比较浅的感情。亲缘关系之间感情的形成是靠血缘或婚姻关系，而友谊的形成靠交往，高质量的交往带来良好的友谊，低质量的交往则损害友谊。

上面探讨了两种关系：亲缘关系与普通人之间的人际关系，这两种关系都可以认为是情感关系。普通人之间的情感，我们可以称为友谊，而拥有血缘关系、婚姻关系或者是别的特别原因（比如收养）而形成的类似亲人之间的关系，我们称为感情。

3. 责任与义务关系

以下关系之间存在着责任与义务：夫妻之间、父母与子女之间。当关系存在责任与义务时，其对决策自然就有一定的影响力。

从这个分析我们可以看出，夫妻之间、父母与子女之间的互相影响，来源于血浓与水的感情，还来自互相的责任与义务。他们之间的影响力自然非常大。

4. 工作关系

在工作中，典型关系有两种：上下级关系和平级关系，如果是隶属同一个部门或者是汇报关系，那么是一种“直接”的关系，否则，算是一种“间接”的关系。工作中人与人的互动有以下几种：

- **决定—服从（Deciding–Obeying）**：通常上下级之间有这种互动关系。
- **互相参考（Referring）**：通常平级之间是这样的互动关系。
- **带领—跟随（Leading–Following）**：不分级别，由于某种工作的安排、专业职能、分工等原因导致的，在某些具体的业务上，上级也会跟随下级的意见，平级之间也会有个人“拿主意”。这时，会形成一个局部的“领导”。

5. 社会属性

一个人的社会属性包括：个人财富、社会地位、社会关系等因素。这些因素会影响别人对他的看法。不同的时代对于人的社会属性的看法很不同。

一个比较成功、富有的人，容易赢得别人的尊重；一个出名的人或者在某领域享有社会声誉的人，会有更大的影响力。现实生活中，经常有一些人喜欢在看似不经意中透露出自己和某个重要人物很熟悉，也是希望借助外人来提升自身的影响力。

可以通俗地把“社会属性”理解为“社会地位”。

6. 个人形象

个人形象包括多方面的内容，包括一个人的外在形象、个人信誉、专业方面的形象以及名声威望等，这些方面的内容综合成一个人总体的个人形象。

首先，我们来看一个人的“外在形象”。有时，我们会说：这个人的气场很强大，这就是在描述一个人的外在形象。外在形象是一个人的外在表现，包括言谈举止、衣着、气质风度、长相等。所有这些因素共同作用，塑造了一个人的形象，由于每个人的口味不同，不同的形象在别人眼里的得分会很不同。每种形象对别人的影响究竟是正面的还是负面的，必须看对方的喜好来定。一句话，“是否对脾气”。

外在形象是一种“浅交往”因素，在较短的时间内会对人的决策产生一定的影响，相处的时间久了，外在形象的影响力会逐渐减弱。但是两人相识的第一面却很重要，往往奠定了两人以后交往的基调，这就是外在形象对人的巨大影响力。

其次，来看看“个人信誉”。一个人的信誉是别人对你品行的评价。是否守信用，是评价一个人的重要指标。我们常在外企里听到对另外一个人的评价："这个人很有credit"，或者，"你没有credit"，意思就是说你这个人有没有信誉。除了通常意义上的是否守信用以外，在工作中的"credit"，常常指一个人能否按照自己的承诺，按时按量完成某项工作任务。一个经常完不成工作任务的人，在老板和同事眼里，是没有信誉的。

个人信誉，有工作能力方面的因素，同时还有个人人品方面的因素。两个方面的综合，构成了一个人的信誉。我们常说的，你这个人很有信誉，通常意味着在工作能力方面的肯定。我们常说，某人很信任你，那通常表示，在那个人眼里，你有着比较好的信誉，而且，这种信誉，往往不只是工作能力上的肯定，更意味着人品上的肯定。所以，如果你得到了另外一个人的信任，那千万要珍惜，这是一种极其不容易的认可。

再次，我们来看看名声威望。当我们在评价一个人的个人信誉时，这里一定指亲身体验到的、直接交往中得到的经验。如果是听别人说的如何如何，那只能算是"名声威望"中的因素。下面来看看什么是一个人的名声威望。

一个人可能享有某种名声，或者在某个方面享有一定的威望或者声誉，这些都会扩大其影响力。一个人的名声威望有一定范围，也有一定的专业性或者说领域。比如说，有的人在全国很有名，而有些人是世界级的名人；有的人在专业技术领域享有盛誉，而有些人以“铁腕”著称；这些人都在一定范围和一定领域内获得了一定的名声威望。从某种意义上说，这些人也被贴上了相应的标签。这些标签，在相应的范围和领域内，有着相应的影响力。

最后，我们来看看“专业形象”。一个某行业的专家，比如资深工程师、技术总监、律师、财务总监等，他们因为在某个专业领域有着专业的技能，享有相应的专业声誉和形象。他们在这些专业领域享有一定的影响力。

以上4种因素的综合作用，构成了一个人综合的个人形象。

7. 沟通技巧

人与人之间的交流靠“沟通”，沟通的好坏对双方的相互了解至关重要。如果缺乏沟通技巧，会降低影响力。

沟通技巧也是一种浅交往因素，但是在关键场合、需要快速做出决策的场合，沟通技巧会显得尤为重要。良好的沟通不仅可以让别人明确地了解你的意图，还有助于让别人认可你的观点。同时，好的沟通也会让别人对你更有信心。

8. 利益关系

“利益关系”，是指交往双方一方有利益诉求或者是某种欲望时，而另一方可以满足这种诉求。一旦有了利益交换，人对人的影响力就会发生变化。

9. 个性特征

不同人的性格特点会产生不同的影响力。较软弱的个性会降低一个人的影响力，而比较强的个性会增加一个人的影响力。如果想了解一个人的个性为什么也会产生影响力，我们看看普京就知道了。由于其一贯的强硬个性，他在国内和国际上都具有无比强大的影响力。人们一旦和一个以“强硬”著称的人打交道，人们一般不自觉地会退让几分。

中国还有一句老话，叫“人善被人欺”，也形象地表达了个性对别人的影响。

10. 权谋策略

在中国，对于依靠权谋策略取得影响力，从春秋战国时期就已经发展到很高的水平。春秋战国时期道家代表人物、纵横家的鼻祖鬼谷子、苏秦和张仪都很善于利用“权谋策略”（古时称为“纵横术”）来影响君主或者将领们的想法。我们前面分析的几种影响力来源都可以视为一种“硬实力”，而权谋策略则可以认为是一种“软实力”，是一种运用智慧来达到目的的手段。

在实际的工程项目招标中，以上各种因素的综合作用，形成了乙方销售人员对甲方决策人员的“个人影响力”。

组织的影响

在工程项目招标中，乙方组织的影响力表现在两个方面：一个是指乙方企业对甲方整体的影响力，这表现为“组织形象”和“社会属性”，与个人感情没有关系。另一个是指“使用体验”，这个因素不能笼统地讨论，而要具体到甲方决策链每个人来考察，这是一种“个人情感”因素的总和。

1. 组织形象

组织形象是指这个组织（企业）在社会上的口碑、信誉都是其形象。形象越好的企业，越有影响力。所以，企业选择通过做广告来树立自己的形象，同时，企业也要把产品做好，把服务搞好，使自己有更好的口碑。

组织的规模也是一种形象。显然，公司规模越大，通常会显得更有实力，形象上当然也就更好一些。

2. 社会属性

企业的所属国家、机构、资本构成方式，构成了企业的社会属性。在中国，人们会关心一家企业是央企、国企、外企、私企还是民企。不同的所有制形态在不同项目中可能遭遇不同的待遇。比如，最近扶植民族产业的呼声比较高，在许多招标场合，外企就没有民企受欢迎。而在20年前，外企比较受欢迎。

3. 使用体验

在实际的工程招标中，招标人对于投标企业的个人情感主要来自过往的各种体验。比如曾经使用过投标企业的产品，接受过投标企业所提供的服务，曾经与投标企业进行过项目合作，这些体验，会凝结成招标人对投标企业的总体使用体验。

例如，如果一个人曾经在一家企业工作过，他在这家企业的工作经历如果比较成功，他可能会“喜欢”这家企业，或者对这家企业“友好”；而如果此人是被开除的，他会“厌恶”这家企业，如果他被开除的时候没有得到应有的补偿，他可能会“恨”这家企业。这些都是个人对一个企业（组织）的情感因素。

再比如，一个人曾经使用过某个企业的产品，与这个公司打过交道，那么他曾经的感受会反映成企业对这个人的影响。毫无疑问，如果以前的感受比较好，那么这个企业对这个人就有正面的影响力，而如果曾经的感觉不太好，那么这个组织的影响力就变成负面的了。

技术因素

技术因素包括方案、产品与服务。通常我们会从以下几个方面来考虑技术因素。

1. 对于痛点的解决程度

“痛点”，是指目前在用户日常工作中感觉不爽的因素。如果是让你异常难受的因素，难以忍受的地方，我们称为“痛点”。如果让你不舒服，但是还是可以忍受的地方，我们可以称为“痒点”——一个稍微轻一点的“痛点”。考察一个技术方案对于用户“痛点”的解决程度，是决策人的重要决策依据。

“痛点”可以是原来工作中某个功能上的需求。比如，某单位没有建设财务信息系统，每个月的财务报表都只能手工做账。手工做账经常发生错误，并且经常不能按照老板的要求按时提交，这就是“痛点”，我们需要建设财务信息系统来解决这个痛点。

“痛点”也可以是性能上的需求。比如，某单位建设了财务信息系统之后，由于所购买的硬件比较低档，运算性能不是特别好，每当月底在需要提交财务报表的时候，IT人员和财务人员都必须加班到深夜，才能及时提交报表。这就是一个性能上的“痛点”，需要通过改善硬件设施来提高系统性能。

2. 功能上对需求的满足程度

用户可能会有一个“功能需求”清单，技术方案对“功能需求”清单的满足程度是决策人的决策依据。在这个清单中，可能有对“痛点”的细化或者具体化，可能也有“痛点”以外的其他功能要求。总之，对于功能需求的满足程度越高，就越容易得到决策人的青睐。

3. 性能上对需求的满足程度

除了用户可能会有一个“功能需求”清单，用户还可能会有一个“性能需求”清单。技术方案对“性能需求”清单的满足程度，也是决策人的决策依据。在这个清单中，可能有对“痛点”的细化或者具体化，可能也有“痛点”以外的其他性能要求，总之，对于性能需求的满足程度越高，就越容易受到决策人的青睐。

4. 技术发展的方向

一个技术方案的好坏不能只看这个方案对于目前需求的满足程度，同时，我们还要看这项技术以后的发展方向。比如，在15年前，在网络通信领域有一阵子发生了“千兆以太网”与“ATM”技术之争，发生判断失误的Northern Telecom就此走向没落，而信奉以太网技术的Cisco则走向了辉煌。有名的案例还有互联网开发语言Java与其他语言之争，日后Java获得了巨大的发展，而其他一些语言则逐渐没落。最近在移动互联领域，发生了“Html 5”与“Native Coding”的争论，到底哪种技术方案将成为最后的标准，我们还将拭目以待。可以想象，发生了技术路线判断错误的企业，将面临巨大的困难。

5. 技术的负面作用

决策人在考虑一个技术方案满足用户需求程度的同时，也会考虑到一个技术的负面作用。比如，某些制造技术对环境污染比较厉害，某些药物会对身体的某些器官造成伤害，等等，都是技术的负面作用。

6. 服务

在工程项目招标中，服务一直都是一个重要因素。其中包括：开发、实施、运维、（硬件产品的）保修、（软件产品的）升级等内容；而在实施的方式上会有单次、包月、包年等方式；在服务级别上又包括当日响应、次日响应、7×24立即响应以及5×8立即响应等方式。显然，服务的因素也将是决策人要考虑的重要因素。

价格与商务条款

在任何购买行为中，商务条款和价格无疑都是至关重要的因素。如果一切别的条件都大致一样，肯定是取价格低的。当然，在工程项目招标中，影响招标的因素较多，而且在技术因素上可能存在较大的差别，比如使用的产品的技术参数、技术方案都有较大的不同，其价格的可比性会下降。然而，无论是多好的产品、多好的技术方案，过高的价格都会让决策人三思。

价格必须与商务条款联合考虑才有意义。最常用的商务条款包括付款方式、融资方案、交付进度等方面，这些多方面的条款必须合在一起考虑。

决策链

“决策链”的分析围绕“角色”展开。“决策链”中多个人的作用是不同的，不同的作用构成不同的角色。影响角色定位的有组织架构、标的、制度与规则、文化等因素。

决策链的角色

在集体决策中，尤其是工程项目招标的决策中，并不是由所有人投票来决定的，一般来说，是其中部分的相关人参与集体决定。首先，在工程项目招标中，参与做出决定的相关人员构成一个“决策链”，这个决策链做出最终的决定。在决策链中，根据在决策集体中所起的作用的不同，我们把不同的人划分为不同的角色（Role）。

- **决策人（Decision Maker）**。决策人是最关键的人物，是直接承担责任的负责人，一般是担负行政职务的人，或者是一个组织中最有影响力的人。
- **评估人（Evaluator）**。他们也是要承担责任的负责人，一般来说，他们担任相应的行政职务。不过他们是某个局部、部门或者专业领域的负责人，他们通常会对某一决定的专业属性给出意见，比如技术专家对一个提案的“技术特性”做出评价、一个律师对一个提案的“法律风险”给出评价等。

- **建议者（Advisor）**。建议者一般与评估人有相同甚至是更高的层级。他们可能对项目产生影响，但是不直接负责任。
- **使用者（User）**。使用者是对决策影响力很小的人，一般是部门里的基层员工。
- **意见领袖（Opinion Leader）**。以上所有人都可以是意见领袖。此类人对决策有较大影响力，但此类人不一定担任高级别行政职务，也不一定担负责任。他们的影响力不只来自他们的行政级别，同时也来自专业能力、资格、习惯、个性等。意见领袖是一个标签化的称呼，往往与组织的行政结构和人员级别无关。

在许多招标案例中，我们观察到决策链中起到最大作用的不一定是决策人，经常是某些评估人。所以我们可以对评估人做更深入的细分定位。

- **首要评估人（Leading Evaluator）**。有时，在决策链中，评估人可能很多，在众多的评估人之中，往往其中某些人的作用更加突出，形成这种情况的原因首先是管理原因。由于重视程度、身体、信任等原因，决策人可能委托其中某个评估人担任“首要评估人”的角色，其任务比较类似于决策人。
- **专业评估人（Professional Evaluator）**。造成某些评估人的作用更加突出的原因除了管理上的原因，还有技术上的原因。在很多工程项目招标中，出于某些专业技术上的原因，某些专业性人员会成为非常关键的评估人，这类人我们称为“专业评估人”。判断专业评估人的标准有两个，第一是此人是否是甲方技术需求标准的制定者，第二是此人是否是乙方技术方案的评估者，只要符合其中一项，都可以是专业评估人，如果两项皆是，则当然更是专业评估人。如果两项都符合，则此人所负责的专业领域是此次招标中的关键因素，同时，此人与决策人之间又具有良好的人际关系，则此人将上升为首要评估人。

那么，按照什么方法或者标准来确定这些角色呢？我们按照甲方的组织的架构、标的、制度与规则、文化等因素来确定角色（见图33）。

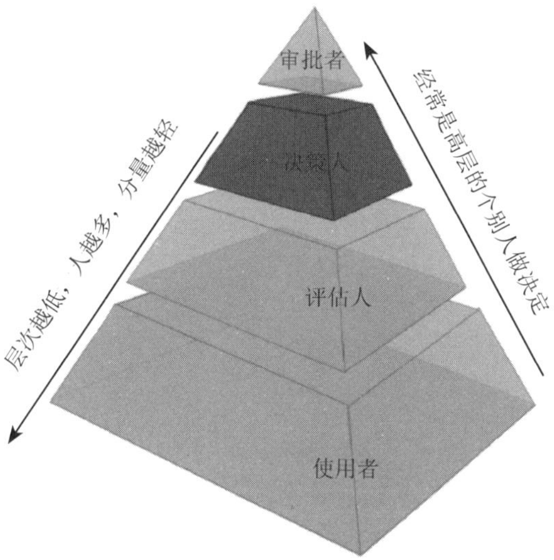

图 33　决策链角色图

组织架构

组织的架构对于决策链的产生有着决定性的影响。有两种典型的组织架构类型。

1. 扁平化组织

比如同学会、老乡会、运动协会等，此类组织中，人与人是平等的，在推选组织的领导、决定组织的行动时，可以用“一人一票”的方式做出最终决策。有名的“Robert’s Rule”（罗伯特议事规则）就极其适合这类组织的某些决策（比如决定聚餐的地点），可以认为罗伯特议事规则就是一种典型的扁平化组织的“决策机制”。“把我们的人搞得多多的”，是一种扁平化组织常见的政治手段，也就是其决策逻辑。图34是一个扁平化组织的决策机制示意图，很像一个网状结构。

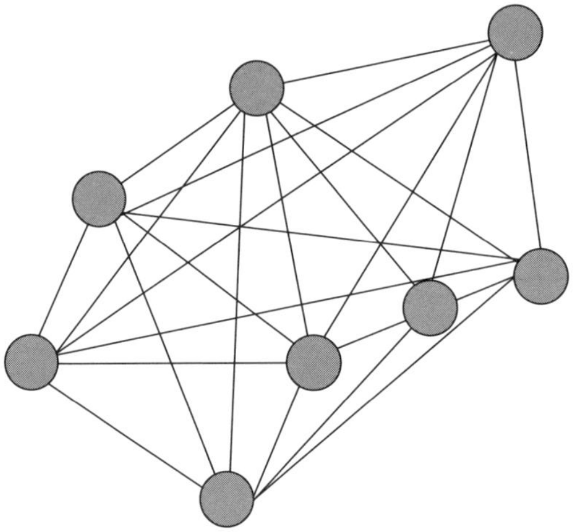

图 34　扁平化组织决策机制示意图

2. 层级式组织

一般的企业、政府组织都属于这种层级式的组织，其内部有着明确的层次结构、上下级关系，通常上级拥有更大的话语权，也就是决策权。其决策不可能是“一人一票”的方式，也很难使用罗伯特议事规则，而是要看其主要领导们的意见。本文重点研究这种层级式组织的决策模式和机制。在这种组织的决策过程中，有着上下级关系的决策参与人首先会组成决策链，多个决策链会组成一个更加完整的决策链。所有参与决策的人通过决策链的方式组成一个完整的决策整体。有时，我们也可以把复杂的决策链叫作“决策矩阵”。

下面是一个层级式组织决策机制示意图，很像一个树状结构（见图35）。

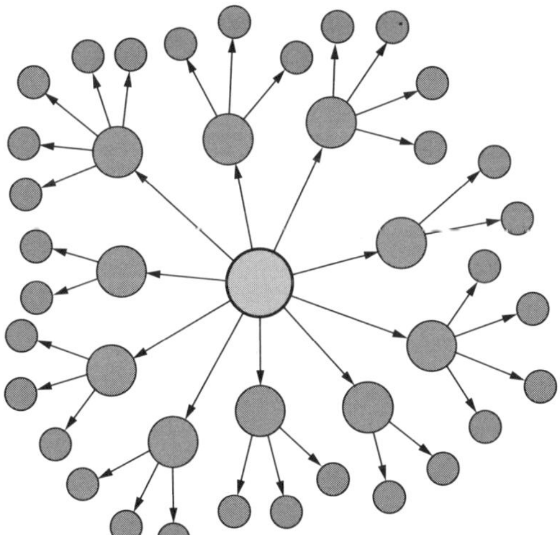

图 35　层级式组织决策机制示意图

在工程项目招标中，决策链的角色划分肯定先要以招标用户的组织架构为基础。在一个组织中，往往都会对其各个层级人员的职责做出明确的定义。按照其组织层级的定义，就可以先得到一个初步的角色分配框架。下面我们以一个典型的国企为例来说明，其组织级别与决策链角色如表3所示。

表3　组织级别与决策链角色

职　　位	可能的角色	
董事长	决策人	
总经理	决策人	
副总经理、总工、总会	决策人	评估人
部门总经理	决策人	评估人
部门副总经理	决策人	评估人
处长	评估人	使用者
副处长	评估人	使用者
专责工程师	评估人	使用者
职员	使用者	

标的

根据用户的组织架构可以得到一个决策链的初步角色划分，然后，我们会根据组织的规模与招标金额做进一步的细分。通常，我们把一个组织的资产总额作为组织规模的数字，我们可以根据这个数字给出一个通行的招标金额与组织规模的比值与决策链角色的对应关系表，如表4所示。

表4　标的与角色的关系

招标金额 / 组织规模	相应的决策人	评　估　人
≥ 1/6000	副总经理	部门经理
≥ 1/60000	部门经理	处长
≥ 1/600000	处长	专责
≥ 1/1200000	专责	

实际工作中，我们未必会用标的和企业资产总额这么具体的计算方式，但是如果我们去了解一个客户，通常会了解到他们的一些惯例，大概多大标的的招标？会有哪里层次的领导来决定？这些还是有一定惯例的。

制度与规则

根植在不同社会环境、不同企业文化的规章制度，将对决策产生重要的影响。

“制度”无疑对决策的产生有着更加决定性的影响。为了减少“强势文化”的负面影响，很多企业、政府都制定了一系列的制度来限制权力，使得决策更加民主和科学。比如，现在中国要涨地铁票价之前，会有一个“听证会制度”，目的是让决策者们多听听普通老百姓的意见，减少决策失误。领导在提升之前，有一个“民主评议”阶段，不能通过这个阶段的，升迁会有比较大的困难。在很多国企中，都有明确的“招投标制度”，重大项目都要按照制度进行投标，杜绝私下交易。这些都是制度对于决策的影响。

“规则”对于决策的影响也是显而易见的。比如在企业招投标时，都有非常明确的相关规则来明确评标小组的组成、职责、评分的标准、流程等规则，整个评标过程都必须严格按规则进行。

文化

在社团组织进行选举时，通常大家喜欢选择地位更高一些或者财富更多一些的人来担任“带头大哥”。平时一起吃饭时商量去哪里吃、聚会时商量什么时候聚、做作业时谁上台做演示，大家都要听这些“带头大哥”的。这就是一种典型的“文化原因”，这对于决策有着巨大的影响。

在有些企业里，什么事情都是听“一把手”的。这又是一种典型的企业文化，我们姑且称为“一把手文化”。甚至在一些非常大的企业，都有这种文化。在一些民营企业里，什么都要听董事长的，总经理都没有什么话语权，就是这种“一把手文化”的表现。

在做工程项目招标时，我们经常会分析用户决策人里谁最“强势”，这又是一种文化现象。在一些看似平级且拥有同样投票权的一些管理人之中，有的人很“强势”，最后的决策会受到这些“强势”人物的影响。“强势文化”也是一种典型的决策文化。

决策链量化分析

前面两章分别探讨了影响决策的因素和决策链的概念。在工程项目招标过程中，其实就是各种因素对决策链的影响形成了最后的决策结果。本章中，我们用量化的方法来分析各种因素对决策链的影响程度，以及各种因素的影响是如何相互作用并形成最终统一的结果的。

我们使用“量化”的方式对各个因素的作用效果进行“层级

划分”或者“打分”，然后根据一定的经验或原则给各种因素对最终结果的影响程度设定一定的权值，然后把所有的因素进行加权总和或者修正，从而得出最终的量化分值。这个量化分值，就可以认为是最后的决策结果。

人为影响力

前面讲过，在工程项目招标中，我们主要是要考察乙方的相关人员群体（主要是销售人员，比如销售代表、销售总监等）对甲方的决策人员群体的总体的影响力。为了考察总体的影响力，必须要先考察单个人对单个人的影响力。

使用“重视程度”来衡量一个人对另外一个人的影响力是一个非常好的量化办法。我们可以用一个人（A）对另外一个人（B）是否重视来推断B对A的影响力。重视程度的级别以及对应的分值如表5所示。

表5　重视程度的级别以及对应的分值

重视程度	分　值
鄙视	–90
蔑视	–60

（续表）

重视程度	分　值
轻视	–30
无视	0
留意	30
重视	60
很重视	90
服从	100
盲从	120

在下面的表述中，“重视程度”意思就是表达一个人对另外一个人的个人层面的影响力。

在工程项目招标中，作为乙方（卖方），在“人的影响”方面，我们关心的是我方人员（通常是销售团队的成员们）对甲方（买方）人员（通常是决策链的全体人员）总的影响力。毫无疑问，这个“总影响力”越大，我们越有可能拿下这个项目，这种“一个集体对另一个集体的人的总体影响力”，我们可以称之为“人为总体影响力”。

最简单的情况是，乙方只有一个销售人员，而甲方决策链也只有一个人，那么就考察乙方这个人对甲方这个人两个人之间的影响力，或者说甲方这个人对乙方这个人的重视程度，这个个人层面的影响力就是乙方对甲方的“人为总体影响力”。

如果在工程项目招标中乙方和甲方都只有一个负责人，情况就非常简单，分析起来也十分简化。然而，现实中的情况要复杂得多，通常，乙方是一个销售团队，这个团队可能包含销售代表、技术支持工程师、业务顾问、销售总监以及公司更高层的管理者；而甲方，则包括评估者、决策人甚至是高层审批人员等在内的许多人，双方的互动比较复杂。图36展示了这种可能的互相影响。

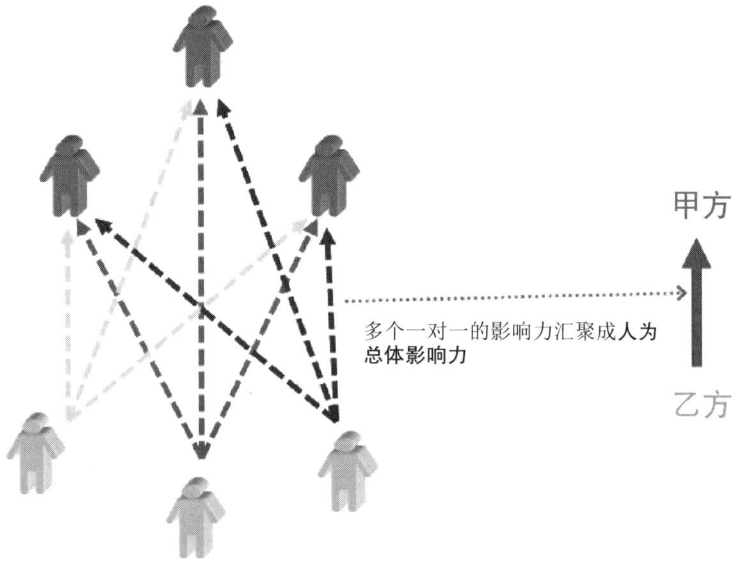

图 36 人为总体影响力的形成

那么，如何从一对一的个人层面的影响力评估出，或者说，从量化评估的角度来计算出这个“人为总体影响力”呢？

首先，我们要评估出乙方每个销售参与人员对甲方决策链的每一个成员的一对一的个人层面的影响力，然后按照各自不同的角色为其赋予不同的权重值。把每个人的个人影响力乘以其权重值，得到其加权影响力，最后把乙方所有人对甲方所有人的“加权影响力”相加，即得到最后的“人为总体影响力”。

设P_t为乙方销售团队所有人对甲方决策链所有人的“人为总体影响力”，$P(i)$为乙方的某个人对甲方决策链所有人的总体影响力，$P_p(i, j)$为一个乙方人员对一个甲方人员的个人影响力，$R(i)$为乙方这个人的影响力“权重”，$S(j)$为甲方这个人的影响力权重，n为乙方销售团队总的人数，m为甲方决策链人员总数。则可以得到下面这个公式：

$$P(i) \geqslant P_p(i, j) \cdot R(i) \cdot S(j)$$

应该取得n个$P(i)$结果。在结果中，把所有为正的结果放在一起，取其中一个最大的值$P_t(\max)$；再把所有为负的结果放在一起，取其中最小的一个值$P_t(\min)$（绝对值最大的那个值），然后，用下列公式，得出最后的人为总体影响力的结果：

$$P_t = P_t(\max) + P_t(\min)$$

如果在所有$P(i)$结果中，没有正的值（这意味着所有乙方人员都让甲方讨厌），则$P_t(\max) = 0$；如果没有负的值（这意味着所有乙方人员都让甲方喜欢），则$P_t(\min) = 0$。

另外，在很多案例中，乙方往往只有一个人（销售经理）在跟进项目并做出实质性的工作，那么上述公式简化为：

$$P_t = P \geqslant P_p(i) \cdot S(j)$$

实际使用这个值的时候，我们必须将其转换为百分制，才能与其他的因素进行加总处理。转换公式如下（假设决策人的人数为k）：

$$P_t' = P_t / (k \cdot 100)$$

在实践中，虽然一个项目的评估人、用户、建议者都很多，决策人往往就只有一个人，上面这个公式就自然变成了：

$$P_t' = P_t / 100$$

有了上面的公式，评估整体影响力的问题转化为评估每个人的影响力以及每个人在影响力上的权重。表达“人为总体影响力”的分级表如表6所示，同时需要注意，影响力的强弱有正面和负面之分，如果得分为负，则是负面影响力。

表6　表达“人为总体影响力”的级别

影响力	分　值
强制性影响力	90
强烈影响	60
一般性影响	40
微弱的影响	20
没有影响力	0

个人影响力的评估

前面我们已经探讨了人对人的影响力的来源。在工程项目招标中，我们是否要完整分析上述的几种来源呢？这样分析会太复杂，而且重点不突出，有很多场景可能也不是特别必要。我们来看看表7中对于每种因素的影响分析。

表7　影响力来源的分析

1	亲缘关系	灰天鹅事件，甲、乙双方属于亲缘关系的属于一种特殊场景
2	人际关系	一种典型影响因素，甲、乙双方的人际关系对影响力影响很大

（续表）

3	责任与义务关系	灰天鹅事件，甲、乙双方存在责任与义务关系的属于一种特殊场景
4	工作关系	一种典型影响因素，但是所有乙方和甲方的工作关系都是一样的
5	社会属性	在工程项目招标中，乙方的社会属性一般都很类似
6	个人形象	在工程项目招标中，通常由于是长期交往，个人形象不好的人不会进入名单，从而也就没有必要进行分析了
7	沟通技巧	在工程项目招标中，由于通常是长期交往，沟通技巧就不是那么重要了
8	利益关系	一种典型影响因素，甲、乙双方如果发生利益上的关系，影响力会显著增大
9	个性特征	一种典型因素，个性特征会有比较大的影响，可以放在人际关系里面进行讨论
10	权谋策略	一种典型因素，乙方常用各种策略来提升自己的影响力

从表7中可以看出，有三种因素（人际关系、利益交换和权谋策略）是目前在工程项目招标中非常典型的因素，需要重点分析。其他一些因素，有的属于灰天鹅事件，只在某种场景中出现；有的属于不同的乙方之间不会有显著差异的；有的属于在工程项目招标这种长期博弈的环境下不是那么重要的，我们就暂时忽略。我们应使用三种典型因素作为建立评估模型的核心因素，对于其他因素，在遇到必要场景时，可以作为修正因素单独进行分析。

在前面的叙述中，我们已经把个人影响力做了一个量化的分级。我们使用一个人对另外一个人的重视程度来描述一个人对另外一个人的影响力。通常我们认为，一个人（A）对另外一个人（B）越重视，那么反过来，另外这个人（B）对这个人（A）影响力就越大。评估重视程度，根据一个人的感觉就可以做出，而一个人的感觉，就可以拿来做分级评估。

1. 人际关系

在工程项目招标中，形成影响力的三个关键因素中，“人际关系”无疑是核心因素。其他因素通过与人际关系的叠加形成最终的影响力。

在前面已经对人际关系做了分析，这里，我们要对人际关系这个因素做一个分级的定量评估。我们需要按照人和人的交往过程中形成的感觉来做出人际关系的评估。人际关系定量评估表如表8所示。

表8 人际关系的定量评估

人际关系（英文）	人际关系
Love	爱
Like	喜欢
OK	接受
Familiar	熟悉
None	没有交往
Bored	烦
Loathe	厌恶
Hate	恨

表9给出了人际关系与重视程度之间的关系。

表9 人际关系与重视程度的对应关系

人际关系		重视程度		分 值
Love	爱	Respect	服从	100
Like	喜欢	Value	很重视	90

（续表）

人际关系		重视程度		分 值
Friendly	友好	Forward	重视	60
Familiar	熟悉	Attention	留意	30
Bored	烦	Neglect	轻视	–30
Loathe	厌恶	Scorn	蔑视	–60
Hate	恨	Despise	鄙视	–90

事实上，这个对应表只是一个大概的情况，真实情况会比较复杂。人际关系对决策方面的影响与地域文化、体制制度、人的个性特征等有着密切的关系。所以在实际的评估过程中，我们必须把这些因素考虑进来，对结果进行一定的修正。

一般来说，在西方发达国家，人际关系对决策的影响比较小，在中国这样的重感情的国家中，人际关系对决策的影响会比较大。在社会制度比较成熟规范的地区，人际关系对决策的影响比较小，而在社会制度不是特别成熟规范的地区，人际关系对决策的影响会大一些；在中国的北方地区，人际关系对决策的影响大一些，而在中国的南方地区，人际关系对决策的影响比较小；多血质的人，人际关系对决策的影响大一些；而个性比较理性的人，人际关系对决策的影响比较小。在实践中，会根据经验对

表9做出一定的修正，甚至可以按照国家、地区、个性特质等因素，做出一个非常详尽的修正表格出来。由于篇幅所限，这里就不对修正表格做过深入的研究。

2. 利益交换

利益交换也可以称为利益输送。在工程招标中，这显然是一种私下的因素，甚至是非法的因素。我们在这里分析这个因素，不是鼓励大家使用这种方法去获得利益，而是要看到这个因素，至少，在竞争对手使用了这些方法之后，要正确地评估出其对最终决策的影响是什么。

3. 权谋策略

春秋战国时期的鬼谷子、苏秦和张仪都很善于利用“纵横术”来影响君主或者将领们的想法。今天，我们要在工程项目投标过程中影响用户决策链关键人的想法，也必须借助于“纵横术”，也就是权谋策略。

日常生活中有很多例子可以形象地说明权谋策略的作用，有些谋略我们会不自觉地运用起来。

如何评估权谋策略增强了影响呢？计策有很多，我们很难把各种计策一个一个地列举出来，详细分析每种策略给影响力带来的改变。由于策略的使用会给人“心态”带来变化，我们可以通过考察一个人对另一个人的“心态”的变化来评估谋略带来的影响。表10列出了常见的“心态”。

表10 表达心态的级别

心态（英文）	心　态
Fear	惧怕
Due	亏欠
Jealous	嫉妒
Envy	羡慕
Hate	恨
Object	不服气
Unconfident	自卑

事实上，这些心态对最终的影响力有着一定正面或负面的影响，表11做出了说明。

表11 心态是如何改变影响力的

心态（英文）	心　态	影　响　力
Fear	惧怕	加强
Due	亏欠	加强

（续表）

心态（英文）	心　　态	影　响　力
Jealous	嫉妒	负面加强
Envy	羡慕	加强
Hate	恨	负面加强
Object	不服气	负面加强
Unconfident	自卑	负面加强

利用表9，可以用“心态”的变化量来修正影响力的值，从而得出最后的个人影响力。

影响力权重

根据人际关系、利益输送以及权谋策略三种因素，可以比较准确地评估出对于决策链中单个人的影响力。按照前面的公式，在计算整体影响力时，需要考虑决策链中每个人在最终决策中所占的权重。在设定影响力权重这个重要参数时，必须要考虑工程项目招标的不同情况，比如，甲乙双方的行业特性、企业的性质等因素。在下面讨论这个参数时，我们需要首先设定相关的初始环境为：甲方为国企，所涉及的工程项目为信息系统类。这是笔者所处的行业情况，对于这类环境可以根据多年经验给出一个通用的权重模型。如果甲方以及所涉及的项目不一样了，则这里的权重模型必须根据实践经验进行修正。

对于甲方来说，权重的设定可以直接使用“角色”的定义来设定。表12是一个通用的“角色—权重”对应表。

表12 决策人角色与权重

角色（英文）	角　色	权　重
Decision Maker	决策人	100
Evaluator	评估人	15
Advisor	建议者	15
User	使用者	1

对于专业评估人，其权重应该较大幅度上升。在我们设定的这个环境中，我们将其设定为40，如果是首要评估人，我们将其设定为50。

这个表是针对“角色”定义的，实际上具体到某一个具体的人时，也需要做一些调整。

上面说过，这个表并不是一成不变的，实际上也要根据甲方的行业、性质、文化以及项目情况等因素来做修正。比如，在国企、央企内，“决策人”的权重会更高，因为这种地方，可能“一切都听领导的”，如果甲方换作一个互联网创业公司，那么“决策人”的权重会下降。在具体企业环境中，有些人往往表现得很“强势”，那么此人的权重往往也要调高。有些人有着比较强的背景，或者在以往的项目中表现得非常好，这些情况都会导致这个人的权重提升。

在层级化的组织结构中，决策是一个层级一个层级地往上汇总（可能经过了复杂的互动过程），越往上的层级的决策权重就越大，最终形成决策时要由“决策人”来做出。有时，如果没有专业技术上的要求，同时，主要领导又极其强势，集体的决策的复杂互动过程可以简化成一个人（决策人）的决策。

于是，我们马上就能理解了，为什么决策中可以出现“力排众议”的情况。

在决策博弈过程中，首要的博弈是在决策人和其他角色之间进行的。当然并非所有的博弈都是来自其他角色与决策人之间的互动，其他角色之间还有很多互动，这之中，来自不同意见的评估人之间的互动博弈也是一种重要的博弈形态。通常，在评估人这个层面上，会出现多个不同意见的“意见领袖”，他们表面上的影响力是一样的，也就是说，他们拥有同级的权力，按道理他们应该独立对决策进行评估，最后把决策建议提到决策人那里去，供其参考并最后拍板。然而在真实的环境中，多个同级的评估人之间会互相竞争，期望自己的意见被其他评估人认同，这其实是一个“零和游戏”，最终，只有一个胜者，其他评估人会跟随其意见，可能变成合作者，但也可能变成潜在的风险和拆台者。在这个零和游戏中，胜者，会成为一个首要评估人，这也是首要评估人的一种由来。

甲方的角色会影响其决策权重，而乙方的角色也会对影响力权重有影响。比如，一个基层销售代表和一个销售总监去做用户工作，如果工作的内容一样，那么，销售总监所获得的影响力肯定更大。我们可以把乙方的人员也做一个角色划分并且给出相应权重，如表13所示。

表13　乙方不同身份的权重

身份（英文）	身　份	权　重
Representative	销售代表	1.0
Manager	销售经理	1.2
Director	销售总监	1.5

（续表）

身份（英文）	身　份	权　重
Executive	公司高层	2.0
Consultant	顾问	1.8

可以看出，乙方的权重差别并不是特别大。现实中也确实是这样，一个销售总监出面做工作，也不见得比一个小的销售代表出面做工作效果好太多。

组织影响力

在工程项目招标中，组织影响力可分为三个维度进行量化分析。

1. 组织形象

在整体评估组织影响力时，我们以“组织形象”为基础进行评估。一个简单的评估模型是，对比两个组织的资产总额。当两边的资产总额数量级一样时，影响力为“微弱影响力”，然后，资产总额每提高一个数量级，则影响力上升一个层级。假设一个甲方的资产总额为1000万元，表14列出了不同资产总额的乙方对其影响力的评估值。

表14　组织的资产总额与其所具有的影响力

乙方资产总额 / 元	乙方对甲方的组织影响力	分　数
100 万	没有影响力	0
1000 万	微弱的影响	30
1 亿	一般性影响	80
10 亿	强烈影响	100
100 亿	强制性影响力	110

2. 社会属性

根据不同企业的社会属性，我们可以把上面依据组织形象而得到的组织影响力做出修正。比如在目前的社会气氛下，外资企业都会有所下降，根据经验，其下降程度大致为一个层级。表15列出了各种类型的企业对组织影响力的作用。

表15　各类企业不同的影响力

国企、央企	正　常
外资企业	下降一个层级
私营、民营企业	下降一个层级
自己的关联企业	上升一个层级

当然，这个表是针对甲方是央企而确定的。如果甲方是其他类型的企业或组织，则要做相应的调整。组织的社会属性对影响力的影响显然带着强烈的时代特征，时代背景不同，影响力显然也是不一样的。

3. 使用体验

前面已经提到，在实际的工程招标中，招标人对于投标人的个人情感主要来自过往的各种体验，比如曾经使用过投标人的产品，接受过投标人所提供的服务，曾经与投标人进行过项目合作。这些体验，会凝结成招标人对投标公司的总体使用体验。

在评估“使用体验”这个因素时，不能笼统地进行评估，必须像评估人为总体影响力那样，一个人一个人地进行评估，最后进行加权综合，计算出总体的使用体验。

首先，必须对一个人的使用体验进行分层级和打分的定义，如表16所示。

表16 “使用体验”的分级和打分

使用体验（英文）	使用体验	分值
Love	爱	80
Like	喜欢	60

（续表）

使用体验（英文）	使用体验	分　值
OK	接受	40
Familiar	熟悉	20
None	没有经验	0
Bored	烦	–30
Loathe	厌恶	–60
Hate	恨	–90

然后，根据决策链中“角色”的定义，设定相应的权重表，如表17所示。

表17　决策链不同角色的权重

角色（英文）	角　色	权　重
Decision Maker	决策人	100
Leading Evaluator	首要评估人	50
Professional Evaluator	专业评估人	40
Evaluator	评估人	15
Advisor	建议者	15
User	使用者	1

我们可以看到，这个表和人为影响力的权重表是一样的。

设$E(j)$为甲方每个人对乙方企业组织的使用体验，m为甲方决策链人员总数，E_t为甲方决策链总的用户体验，$S(j)$为甲方的体验权重，则：

$$E_t = \sum_{i=1}^{m} E(j) \cdot S(j)$$

实际使用这个值的时候，我们必须将其转换为百分制，才能与其他因素进行加总处理。假设E_t'为修正值，假设决策人的人数为k，则转换公式如下：

$$E_t' = E_t / (k \times 100)$$

最后得到了决策链总体的“使用体验”评估值，表18列出了该评估值和使用体验层级之间的关系。

表18　使用体验的层级和得分

使用体验（英文）	使用体验	得　分
Excellent	很好	80
Fine	好	60
Accepted	接受	40
So so	凑合	20
None	没有	0
Poor	差	–20
Refuse	拒绝	–40
Bad	太差	–60
Terrible	糟糕	–80

前面我们首先根据“组织形象”得出了基本的组织影响力的分数和层级，然后我们用组织的社会属性对这个结果做出了一次修正。现在需要把已经得到的分数和层级与“使用体验”值进行加总处理。我们把两个得分相加并平均，即得到了组织影响力的最后得分。设P_o为组织影响力，E_t'为使用体验值，而I_o为“组织形象+社会属性”得分，则得到如下公式：

$$P_o = (E_t' + I_o)/2$$

技术

技术的因素也可以做量化的评估。首先我们把所有技术需求的要点全部列出来，包括痛点清单、功能需求清单、性能需求清单、服务需求清单，对清单中的每一条按照是否满足、部分满足、不满足（不满足为0分）等情况进行打分，打分的标准如表19所示。

表19　技术因素的级别

项　　目	满足情况	得　　分
痛点	过于满足	30
	完全满足	20
	部分满足	10
	基准得分	20

（续表）

项　目	满足情况	得　分
功能需求	过于满足	15
	完全满足	10
	部分满足	5
	基准得分	10
性能需求	过于满足	15
	完全满足	10
	基准得分	10
	过于满足	15
服务需求	过于满足	15
	完全满足	10
	部分满足	5
	基准得分	10

把每一个需求点的得分加起来，就是技术因素的总得分；再把每一个需求点的基准分加起来，即得到了基准总分；用总得分比基准得分，就得到了比值结果；把这个比值结果根据表20换算成总的满足程度评估值。

表20　技术因素得分与级别

评　估　值	满足程度
≥ 130%	过于满足
≥ 90%	完全满足

（续表）

评　估　值	满足程度
≥ 75%	满足
≥ 50%	部分满足
<50%	不满足

价格与商务条款的综合考虑

价格必须与商务条款综合考虑才有意义。首先我们可以根据报价与预算的相对比较，来量化分析价格因素的影响。用报价和预算的比值，来评估价格方面的满足程度，如表21所示。

表21　表达价格与商务条款的级别

比　　值	满足程度
≥ 100%	不满足
≥ 90%	部分满足
≥ 75%	满足
≥ 50%	完全满足
<50%	过于满足

各种商务条款当然也在影响最后的成交，显然，如果在商务条款上出现了不满足的情况，将会降低上述满足程度的级别。

显然，我们可以把技术、价格以及商务条款结合在一起，做出一个System 2的总体评估，这个总体评估，可以认为其实就是大家常说的性价比。

性价比的计算可以以技术评级为基准，用价格得分来修正，从而得到最终的性价比得分。设P_P为性价比，S_t为技术得分，S_p为价格商务条款得分，S_t和S_p都是百分比形式的。则P_P的计算公式如下：

$$P_P = S_t - S_p / 10$$

得到的结果分值与满足程度如表22所示。

表22　表达满意程度的级别

结果分值	满足程度
≥ 130%	过于满足
≥ 90%	完全满足
≥ 75%	满足
≥ 50%	部分满足
<50%	不满足

总体评估

前面我们详细分析了各种因素对决策链的影响，接下来我们要分析这些不同的因素如何共同作用，从而使甲方决策链得出最后的结论，那就是对乙方是否支持。

在前面，我们把影响决策链做出决定的因素划分为五种，并且给出了每一种因素的评估方法（分层级+打分的方式）。在做最终的总体评估时，我们按照上面的分析，把技术、价格和条款这三个System 2因素，合并成“性价比”因素。性价比因素的评估在前面的内容中已经做过分析。我们把总体评估的因素合并成三个因素来分析，如图37所示。

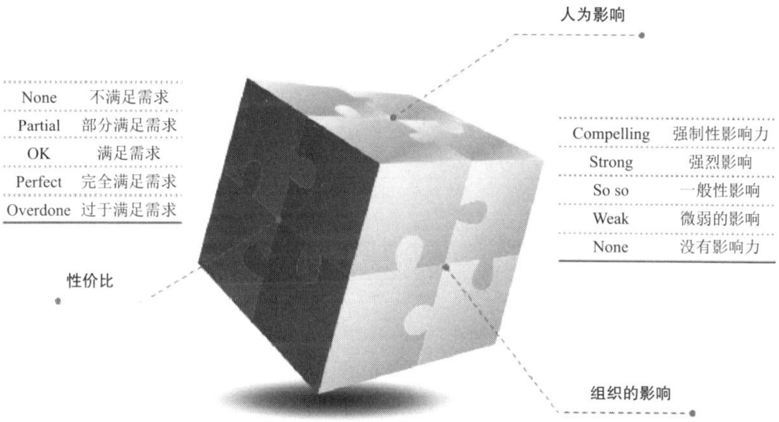

图 37　总体评估的三个因素

设S为甲方决策链对乙方的总体支持度，P_p为性价比，R_p为其相应权重，P_t为人为总体影响力，R_t为其相应权重，P_o为组织影响力，R_o为其相应权重，则S的计算公式如下：

$$S = P_P \cdot R_P + P_t \cdot R_t + P_o \cdot R_o$$

其中各个因素的得分与评估层级直接对应，各对应表如表23、表24所示。

表23 需求满足程度与得分的级别

需求满足程度	得 分
不满足需求	0
部分满足需求	70
满足需求	90
完全满足需求	100
过于满足需求	110

表24 影响力与得分的对应表

影 响 力	得 分
强制性影响力	110
强烈影响	100
一般性影响	80
微弱的影响	30
没有影响力	0

关于权重的设定，需要根据不同的企业、不同的客户、不同的环境来确定。笔者根据所在公司Oracle在项目招标中的实践情况来分析，如果甲方是央企，通常的权重模型如下：

$$R_{\mathrm{P}} = 40\%$$

$$R_{\mathrm{t}} = 30\%$$

$$R_{\mathrm{o}} = 30\%$$

事实上，对于各种不同的场景，如果甲方是确定的，则这个估计是比较准确的。

竞争全景

在前面的分析中，我们在分析最终用户的决策模式，以争取在最终用户方就把竞争对手打败。在实际的项目中，不只是最终用户的决策链会对结果产生影响（当然这种影响是最根本的），同时还有其他角色会对结果产生一定的影响。这些角色包括：竞争对手、合作伙伴，甚至还有招标公司以及咨询公司等角色。我们必须把其他角色也都要考虑进去。

一般来说我们在项目中首先想到的都是争取到客户决策人的

支持，这当然是最好的。但有时我们没有能够或者根本就无法在最终用户方取得优势，甚至在最终用户方那里是劣势。这种原因是多方面的，比如在某个案例中，虽然我们一直与用户关系也不错，但是对手花了更多的力气，使得双方在最终用户方上打了一个平手。这样一来，代理商（或者“合作伙伴”）就成了关键因素了。我们必须首先认识到这种局面，其次，出现这种局面时，要搞清楚这个合作伙伴的真实情况，判断其真实策略，并且要争取到这样的合作伙伴的支持。

在一个项目招标中，一个合格的销售人员的脑海里要有一个“全景图”，这个全景图，由我、最终用户、竞争对手、合作伙伴共同构成，这些因素之间会发生许多纵横交错的关系，互相影响，互相制约，其合力促成了项目的最后走向。

图38是一个典型的“项目博弈全景图”。

黑色的方块：表示竞争博弈局面里的各个不同的角色。包括：

- 我方阵营（我本人、我的老板、与我配合的其他销售人员、我的渠道经理、我的支持工程师、我的电话销售）。
- 内部竞争者（其他产品线的销售、其他区域的销售，这些

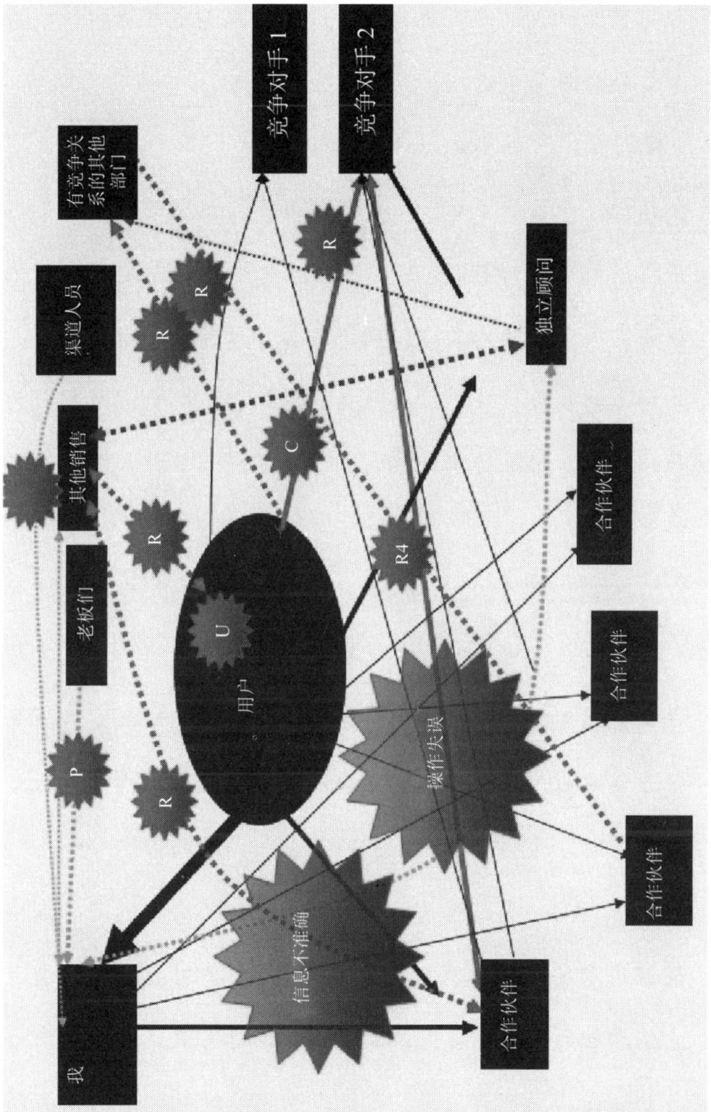
我
合作伙伴
合作伙伴
合作伙伴
合作伙伴
合作伙伴
信息不准确
操作失误
用户
U
P
R
R
R
R
R
R
C
R4
老板们
其他销售
渠道人员
有竞争关系的其他部门
竞争对手 1
竞争对手 2
独立顾问

图 38 博弈全景图

人明里支持我们或者是合作者，实际上却是挖墙脚的，甚至是公开的竞争者)。

- 竞争对手，可能不止一个竞争对手。
- 合作伙伴，可能不止一个合作伙伴。要注意的是，我们这里描述的“合作伙伴”，是指在博弈局面里或是在我们的业务链条上的其他各方，我们的合作伙伴；也有可能是竞争对手的合作伙伴，只要可能与我们合作，我们都称之为合作伙伴。如果你有一些真正忠实的合作伙伴，那就应该格外珍惜。

在我们整个生意链条上，合作伙伴可能有不同的作用，所以我们可以对合作伙伴做进一步的区分。以笔者原来工作过的S公司为例，由于S公司是一个全球性的原始产品供应商，其在中国的业务是通过一些不同功能的代理来进行的，这些代理都是S公司的合作伙伴，通常包含：

1. VAD，我们称为“总代理”。所有S公司的产品在中国销售都要经过总代理。总代理算是S公司的分销渠道，它们承担的任务主要是资金周转、法律条款适配以及商务条款适配。总代理是S公司与其他业务对象之间的商务桥梁。总代理是面向S公司的，以S公司为核心，对S公司保持忠诚。

2. Partner，我们称为“合作伙伴”Partner是真正和用户签合同的公司，往往是一家系统集成商（SI）或者独立软件供应商（ISV）。Partner更多时候是面向用户的，是以最终用户为中心的，对用户保持忠诚。注意，S公司的合作伙伴和我们在这里分析问题说到的合作伙伴其概念近似，但也不完全相同。我们这里提到的合作伙伴，是个分类概念，而S公司提到的合作伙伴，是有明确所指的，往往取得了S公司的一个授权合作资格。合作伙伴的合作关系示意图如图39所示。

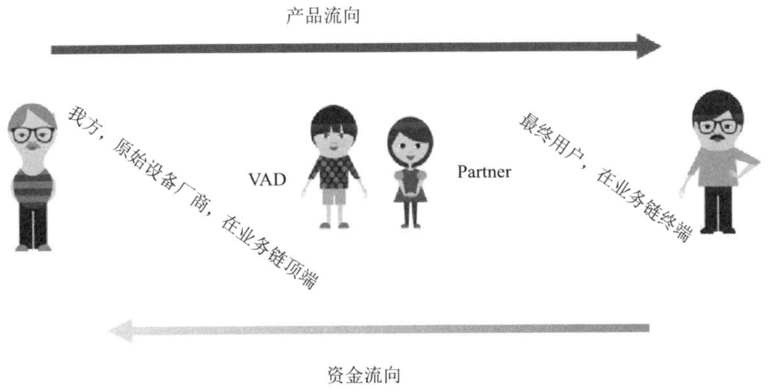

图39　合作伙伴的合作关系示意图

- 顾问，是项目中的隐形参与者。这些人不会来到台面上参与投标，他们在暗地里与用户的某些决策人进行合作，对项目招标产生影响。他们往往与某些客户关系特殊。有时，我们把这种顾问，称为“枪手”。所谓“枪手”，也算是一种稀有资源，他们隐藏在黑暗中，幕后进行操作。如果你碰巧认识了一个这样的“枪手”，可能你的项目就更简单了。不过在现实中，骗吃骗喝的假“枪手”也很多。

线条：线条表示各个角色之间的关系。

箭头：表示针对性。

颜色：表示对我方的意义。通常，绿色表示对我方有利的关系，而红色就表示不利的因素。

彩色炸弹球：这些都表示项目成功的风险因素。

量化分析模型的运用

前面我用量化的方式详细介绍了博弈分析的完整模型，下面我们来看看在具体实战中如何运用这个模型来进行分析并制定策略，从而赢得项目。

案例一

这是笔者在做销售工作早期的一个案例。此案例的最终客户是一个集团性的大型能源类央企，以下简称“集团公司”，项目是为其下属的一个新建发电厂（以下简称“发电厂”）建设网络系统。下面我们按照前面介绍的方法来分析行动的安排、决策链的识别、决策链影响力评估，最后会对输赢结果进行分析总结。

案例：妙用上级领导的影响力，摆平一个竞争对手的支持者

1. 用户背景

集团公司是一家大型央企，成立于 1994年，本部位于北京；成立后不久于香港上市；经营产业以发电为主，下属约100家火力发电厂，同时涉及煤炭、煤化工、交通、循环经济等领域，经营煤矿、化工厂、铁路、港口等多种产业实体；是一家综合性能源集团公司。集团公司总资产600亿元人民币。

与项目相关的组织架构如表25所示。

表25 公司组织架构

（集团公司本部）
董事长
总经理
副总经理（分管工程、生产、物资、燃料、计划等）、总会计师（分管信息化）、总工程师等集团本部班子成员
财务信息部 （由总会分管）
信息处
发电厂
董事长
总经理
分管副总经理、总会计师、总工程师等厂级班子成员
总经理工作部 （由主管计划的副总分管）

2. 项目需求

项目需求是为新建的发电厂建设一个覆盖全厂的网络系统，主要是为了支持发电厂的实时生产管理、燃料管理、办公自动化以及和集团总部互通的功能，性能要求是千兆以太网，桌面性能不低于1MB/s，服务器性能不低于100MB/s。预算是1000万元人民币。

3. 识别决策链

根据招标金额和集团的资产总额，可以评估出这个项目的决策人是集团公司副总一级的官员，由于是信息化项目，决策链主要由集团公司信息处以及发电厂的总经理工作部相关人员组成。

经过分析梳理，其决策链的信息如表26所示。

表26　客户决策矩阵图

	关键人	职　务	角　色
审批层	刘总	总经理	审批人
决策链	魏总	总会计师	决策人
	徐总	财务部主任	建议人
	李总	本部信息处处长 集团信息化工作组组长	首要评估人

（续表）

	关键人	职　　务	角　　色
决策链	刘处	集团信息化工作组成员	专业评估人
	杨处	集团信息化工作组成员	评估人
	柴处	集团信息化工作组成员	评估人
	李处	集团信息化工作组成员	评估人

4. 构建博弈全景图

了解了项目需求、客户背景以及决策链的基本信息之后，我们要画出博弈全景图（见图40），了解整个的博弈状况。

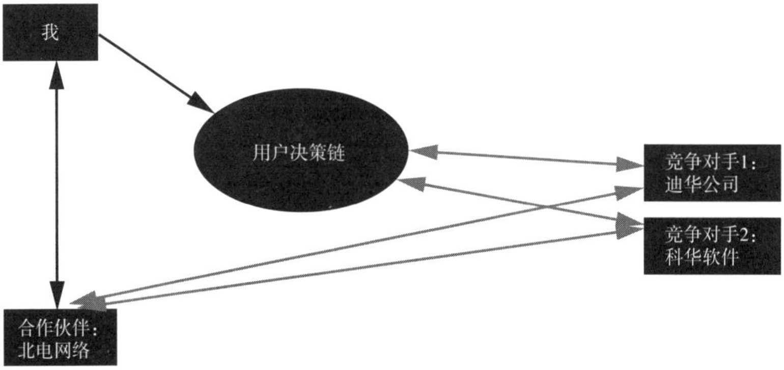

图 40　博弈全景图

通过构建博弈的全景图，我们可以看到，除了我们自己和用户的决策链，还有合作伙伴（北电网络）以及两个竞争对手（迪华公司以及科华软件）存在。我们就必须评估竞争对手对用户的影响力以及合作伙伴对各个环节的影响。

5. 经营人际关系并提升人为影响力

通过对用户决策链的了解，其集团公司信息化工作组是关键的评估部门，这个部门以组长为首，内部关系很融洽，互相配合得很默契，明显组成了一个“圈子”，影响力传递现象很明显。我们针对这个小圈子，尤其是其组长，做了大量的工作，从而与信息化工作组的各个成员建立了非常良好的人际关系。

针对决策人魏总和建议者徐总，我们也尝试进行了一些联系和沟通工作，从而也建立了一定的人际关系。

在“人际关系”上的得分评估情况如表27所示。

表27　人际关系的得分

人　员	职　位	角　色	与我的关系
魏总	总会计师	决策人	熟悉
徐总	财务部主任	建议人	熟悉
李总	本部信息处处长 集团信息化工作组组长	评估人	喜欢
刘处	集团信息化工作组成员	专业评估人	友好

（续表）

人　员	职　位	角　色	与我的关系
杨处	集团信息化工作组成员	评估人	友好
柴处	集团信息化工作组成员	评估人	友好
李处	集团信息化工作组成员	评估人	友好

由于这个项目没有使用“利益交换”以及“权谋策略”，所以这个人际关系的综合评估结果就是最终人为影响力的评估结果。经过计算，我们得到的人为总体影响力的结果为“一般性影响”。

6. 其他因素的评估

在“组织影响力”方面，经过计算我公司和最终用户之间的资产总额比较，得出的综合评估结果是“微弱的影响”。

在评估性价比方面，我们的报价与预算基本持平，算是“部分满足”。

7. 结果及分析

最后的评标结果是我们输掉了这个项目，主要竞争对手迪华公司赢得了项目。下面我们来对比性地评估一下主要对手的表现。

从人际关系、组织影响力、评估性价比三个方面与竞争对手进行比较，我们发现：在人际关系方面，对手与用户决策链的决策人魏总和建议人徐总的关系都远好于我们，表28列出了其评估值。

表28　对手人际关系的得分

人　员	职　位	角　色	与对手的关系
魏总	总会计师	决策人	喜欢
徐总	财务部主任	建议人	喜欢
李总	本部信息处处长 集团信息化工作组组长	首要评估人	友好
刘处	集团信息化工作组成员	专业评估人	熟悉
杨处	集团信息化工作组成员	评估人	熟悉
柴处	集团信息化工作组成员	评估人	熟悉
李处	集团信息化工作组成员	评估人	熟悉

经过计算和评估，对手在人际关系方面的影响力是“强烈影响”。

在组织影响力方面，经过计算竞争对手公司和最终用户之间的资产总额比较，得出的综合评估结果也是“微弱的影响”。

在评估性价比方面，对手的报价只相当于预算的75%左右，而两边的技术方案是完全一样的，算是“满足”需求。

按照前述的决策评估的模型，我们可以计算出我方的总体得分，如表29所示。

表29　我方的总体得分

<table>
<tr><th>影响因素</th><th>评估层级</th><th>得　分</th><th>权　重</th><th>最终得分</th></tr>
<tr><td>人为总体影响力</td><td>一般性影响</td><td>40</td><td>30%</td><td rowspan="3">38</td></tr>
<tr><td>组织影响力</td><td>微弱影响</td><td>20</td><td>30%</td></tr>
<tr><td>性价比</td><td>部分满足</td><td>50</td><td>40%</td></tr>
</table>

同样，可以计算出我们的主要竞争对手迪华公司的总体得分，如表30所示。

表30　对方的总体得分

<table>
<tr><th>影响因素</th><th>评估层级</th><th>得　分</th><th>权　重</th><th>最终得分</th></tr>
<tr><td>人为总体影响力</td><td>强烈影响</td><td>60</td><td>30%</td><td rowspan="3">54</td></tr>
<tr><td>组织影响力</td><td>微弱影响</td><td>20</td><td>30%</td></tr>
<tr><td>性价比</td><td>部分满足</td><td>75</td><td>40%</td></tr>
</table>

经过上面的对比分析，我们很容易发现，这个仗我们是必输的。结果也确实如此，用户的决策链支持了我们的竞争对手，最后我们输掉了这个项目，输在了价格和人际关系上。

案例二

这是笔者在做销售工作后期的一个案例。此案例的最终客户是一个大型食品类国企，以下简称“公司”，项目是为其自身建设数据中心系统。

案例：妙用上级领导的影响力，摆平一个竞争对手的支持者

1. 用户背景

该公司是一家大型国企，成立于2000年，本部位于中国东北；成立后不久在上海上市；经营产业食品生产销售为主，下属大约20家食品生产、加工、配送等下属企业；是一家综合性的大型食品类公司。集团公司总资产10亿元人民币。

与项目相关的组织架构如表31所示。

表31　甲方组织结构图

（集团公司本部）
董事长
总经理
副总经理（分管工程、生产、采购、信息化、计划、科研、市场等）、总会计师、总工程师等集团本部核心领导成员
信息中心
采购中心
下属配套企业
总经理
分管副总经理、总会计师、总工程师等企业级核心领导成员
信息中心

2. 项目需求

该项目的需求是为其自身建设数据中心系统，主要是为了支持公司的ERP以及集团管控系统功能，容量要求支持的数据量为每年增长10TB，性能要求复杂报表运算时间不大于10秒，月度财务结算报表生成时间不大于2小时，可以同时服务于公司本部以及下属的20家企业，预算是400万元人民币。我们在此项目中要销售的产品为我公司 Strong Data产品，而我们的对手是Data Logic公司的S450产品。

3. 识别决策链

经过运用上述模型做出的相关分析，我们看到此项目的决策人是公司的一位管生产的副总经理李总。不过由于此人完全不懂技术，我们也发现，由于这个项目的技术要求比较高，李总平时也比较信任手下，其授权度比较高，所以这个项目他本人关注得比较少，关键要看下面杨主任和刘经理的工作。而刘经理和杨主任平时关系也比较好，在信息化项目方面，刘经理更加尊重杨主任的意见，这样，杨主任就成为首要评估人，而刘经理就成了专业评估人。事实上，我们所有的工作就是围绕着这两个人展开的。经过分析梳理，其决策链的信息如表32所示。

表32 甲方决策链

	关键人	职 务	角 色
审批层	×××	总经理	审批人
决策链	李总	副总经理	决策人
	杨主任	信息中心主任	首要评估人
	刘经理	采购部经理	专业评估人
	×××	20 家下属配套企业信息中心负责人	使用者

4. 构建博弈全景图

经过了解，由于曾经大量使用Data Logic N系列的服务器，用户的使用体验还可以。而且这个项目的首要评估人杨主任与Data Logic的关系相当好，所以主要的对手是Data Logic。另外，这个客户以往采购Data Logic产品的主要供应商是同创科技，经过了解发现客户对同创科技的服务也比较满意，那么同创科技就成为一个很重要的合作伙伴。

了解了上述这些项目需求、客户背景以及决策链的基本信息之后，我们要画出博弈全景图，用以表述整个博弈状况，如图41所示。

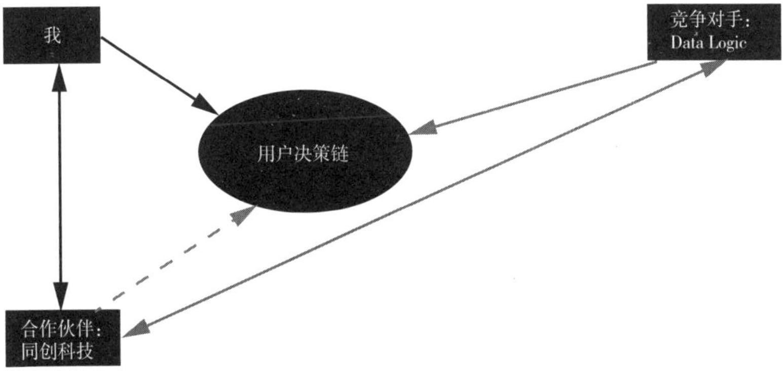

图41　博弈全景图

在这个博弈图中，可以清楚地看到，我们的主要对手是Data Logic，有一个合作伙伴（同创科技）对用户的影响也很大，所以我们必须全面考虑Data Logic、同创科技的共同影响。

5. 经营人际关系并提升人为影响力

经过全面的分析，我们接下来自然要重点做李总、杨主任和刘经理的工作，希望加强与他们之间的人际关系并提升我们对他们的影响力。经过初步接触发现，与李总、刘经理的接触都比较容易，但是与作为首要评估人的杨主任接触却非常困难，对方基本上就不接待我们，不与我们交流。经过了解和分析，我们可以画出我方以及竞争对手的人为总体影响力表，如表33、表34所示（表中的结果未经百分制修正）。

表33 我方在人际关系上的得分

关键人	评估层级	得　分	权　重	人为总体影响力
李总	留意	30	100	4200
杨主任	无视	0	50	
刘经理	留意	30	40	

表34 对方在人际关系上的得分

关键人	评估层级	得　分	权　重	人为总体影响力
李总	留意	30	100	8700
杨主任	很重视	90	50	
刘经理	留意	30	40	

从表33、表34中明显看出，竞争对手的人为总体影响力是远大于我们的，而这其中，我们最缺的是杨主任的支持。

如何在短时间内提升我们对杨主任的影响力呢？经过了解，我们认识到：由于过去的生意，杨主任和我们的对手Data Logic保持了非常好的关系，而且很有可能与其有利益输送的关系，这样一种关系，是很难被撼动的。这种场景下，只搞好人际关系没有意义，要想快速提升我们对杨主任的影响力，必须拿起“权谋策略”以及“利益交换”的武器。在“权谋策略”方面，我们必须充分利用李总这个因素。虽然我们与李总的关系也很肤浅，他对我们的重视程度也只在“留意”层级，但是这点杨主任并不清楚，关键是李总和对手之间的关系也很一般。由于信息不对称，我们运用“借”和“唬”的战术，在关键时刻，让李总帮我们说了几句话。使杨主任搞不清楚我们和李总之间的关系，因为“宁可信其有，不可信其无”的心态，使杨主任产生“畏惧”的心理，不敢过分关照我们的竞争对手Data Logic，成功地提升了我们对杨主任的影响力。同时在“利益交换”方面也有办法，我们显然不能直接去和杨主任谈如何进行利益交换，这样做可能违反相关法律。这时，我们就借助了这个项目中的关键合作伙伴同创科技，这个公司很可能是Data Logic和杨主任进行利益交换的渠道，我们通过向同创科技大幅度让利的办法，取得同创的支持，等于间接进行了利益交换。最后，多管齐下的结果，成功地把杨主任对我们的重视程度也提升到了“重视”这个层级。同时，由于我们不确定与杨主任的关系能够到达多高的水准，我们对李总也做了许多工作，使得李总对我们的重视程度提高到介于“重视”和“注意”之间的一个水准。

经过了大量的工作之后，在即将招标开始的时候，我方对用户的整体影响力得分评估如表35所示。

表35 招标前我方在人为整体影响力上的得分变化

关键人	评估层级	得　　分	权　　重	人为总体影响力
李总	留意～重视	45	100	8700
杨主任	重视	60	50	
刘经理	留意	30	40	

对方由于一直非常自信，没有对李总做太多的工作，所以，对方的总体得分并没有发生变化。现在我们看到双方在人为影响力上的得分惊人一致。

我公司和Data Logic都是国际大公司，在公司的整体影响力上不分伯仲。由于我们对自己的技术比较自信，现在我们双方的影响力因素拉平了，我们就建议用户对双方的设备进行测试。用户在影响力因素难以取舍的情况下，便进行了设备的功能和性能测试。

在测试工作中，我们进行了精心的准备，提供了比较合理的解决方案和比较好的设备，我们取得了较高的分数，这样使得用户用我们的技术标准撰写了招标书。由于使用了我们的技术标准，我们在最后的技术一项得分中，自然得到了很高的分数，而对手的分数就差强人意了。我们最后在价格和商务条款上又做了一些优惠，使得在“性价比”这个项目中，我们得到了更高的分数。下面来看看敌我双方最后的综合得分，如表36、表37所示。

表36　我方的总体得分

影响因素	评估层级	得　分	权　重	最终得分
人为总体影响力	强烈影响	87	30%	
组织影响力	一般性影响	40	30%	74
性价比	完全满足	90	40%	

表37　对方的总体得分

影响因素	评估层级	得　分	权　重	最终得分
人为总体影响力	强烈影响	87	30%	
组织影响力	一般性影响	40	30%	68
性价比	部分满足	75	40%	

在最后的综合评估中，我们战胜了Data Logic。事实上，我们这里对双方的综合评分与实际招标过程中由评标小组给出的最后得分也惊人地相似。最后我们以不大的优势力挫对手，赢得项目。

THE INCISIVE SALES

第五章 高级战术组合

本章的内容是谈斗争谋略，属于博弈理论中的精华部分，也是实用的博弈战术介绍。无论是项目竞标中的博弈，还是公司文化中的政治斗争，还是各统治阶层的斗争，用的都是这些战术，没有区别。

强攻战术

强攻战术有点像足球场上的阵地战，我方围着对方的大门狂轰滥炸，而对方围绕着自己的大门形成一个铁桶阵，整个过程针锋相对，正面激烈对抗。如果要使用强攻战术，需要有强大的实力和一定的魄力。具体使用中，又包括威逼、打击以及震撼等小战术。如果某人有什么短处握在你的手里，那么你可以用“威逼”的方法迫他就范；对有些不听话的小兵，可以用某种力量直接“打击”他，使其不会误事；对一些特别难啃的硬骨头，可以考虑用一些比较极端的手段“震撼”对方，使其在精神上直接投降。

下面举几个小例子来具体说明强攻战术的运用。

案例：成功说服用户做“小白鼠”

我曾经有一个同事，以前在一家著名的公司做过销售总监，他很年轻，不到30岁就在这家公司做到总监级，职业生涯进步得非常快。与他同年进入公司的大部分人都至少比他低两个水准。我与他同事的那几年里，我就觉得他是一个特别“狠”的人。做事果断、有力，常常做出别人做不出的事情。有一次，他向我讲述了他刚刚开始做业务时的一段经历。那是他刚刚进入这家公司干销售的时候，老板给了他很大的压力，每个季度都要催逼销售数据。当时，一起进公司做销售业务的人很多，大家都是新手，还不是特别精通销售之道，有的销售连续半年都没有业绩，有的坚持不下去只好辞职离开或者被老板劝退。当时，有一个项目交到了我这个同事手里，他做了很多工作，但是客户有位主管就是不太支持他，想尽一切办法，这个客户都不太买账。用他的话说，就是这个客户“油盐不进”。后来老板们也过去拜访客户，了解到这个客户一直在使用其竞争对手的产品，与竞争对手关系非常好。从产品角度来说，这家公司当时刚刚起步，当时产品刚刚上市，而对手的产品已经稳定运行了很多年，使用他们的新产品，就要做“小白鼠”，要担一定的责任。两个因素叠加，可想而知，当然不会支持他们的产品。

怎么办？这完全就是一个不可能的任务。最后，我这位同事决定使用“强攻-震撼”战术，做最后一搏。他打听了这个客户的家庭地址，有天傍晚，跑到客户的家里，进门之后，二话不说，直接给客户跪下。你没有看错，是跪下！恳求客户接受他们的产品。客户受到了极大的震撼，最后在招标中，真的选择了他们的产品。这就是“震撼”的效果，把一个理论上不可能的案例做成了。

这个项目的成功，远远不是拿到项目这么简单。项目的成功给这位同事带来了极大的自信心。同时让他具备了挑战人的心理底线的能力和勇气。在很多项目中，都要去挑战客户的心理底线！必须要做到敢于挑战其心理底线，才有可能改变用户的一些固有想法，从而赢得客户的支持。

与此同时，而另外一些销售人员呢？在做工作的时候，表现得犹犹豫豫，甚至不好意思，畏惧心十足，当碰上客户拒绝时，想不出办法。让其联系高层，根本就不敢去，心里想着，别人一个高层，会搭理我吗？这样的业务人员进步会很缓慢。而我的这位同事，很快取得了成绩，建立了自信，学到了方法，与其他比较平庸的业务人员之间的差距就越来越大了。多年后，他已经成为一家上市公司副总的时候，当年与他一起进华为的个别老同事，竟然还在销售代表的位置上混着。

去挑战，挑战别人的心理底线！没有关系，我不需要面子，我也不怕你生气，我要项目！这种强大的欲望，会帮助你战胜一切懦弱和虚伪，直捣对方的内心深处，彻底击溃对方的心理防线。

笔者本人也有过这种经历。有一年冬天，我们开始跟进下面这样一个项目。

案例：从竞争对手的虎口里拔牙

这是一个替代项目。客户在数据容灾系统中长期使用KAM公司的容灾系统（软件）以及KAM公司的数据存储设备（硬件），在新的一期系统扩容中，客户计划继续使用KAM公司的容灾软件和存储设备来升级其数据容灾系统。我当时希望用我们公司的产品来替换KAM公司的软件或硬件。客户使用KAM系统已经多年，运行稳定，一般来讲并不希望换掉。但是KAM是容灾系统，对客户整个的信息系统的稳定运行影响颇大，如果能部分换掉KAM，可能带动其整个信息系统其他相关部分也换用我们的产品，同时增强我们公司在客户的存在感。我决心想办法换掉它。

经过大量的工作，客户逐渐也动了一点心，有意在新的容灾系统中采用我们的存储产品（硬件），但是容灾软件继续使用KAM的产品。这主要是因为客户的系统比较庞大，KAM使用场景很多，且互相关联性大，不容易更换，而硬件则较为独立，客户本来在其不同的应用系统就使用过不同品牌的存储产品，更换硬件是比较容易的。

由于可能涉及两种不同品牌的产品的互操作，用户就组织了KAM的容灾软件和我们公司的存储硬件进行了互操作测试，结果发现互操作存在技术问题。用户要求我们和KAM公司进行合作，解决掉KAM软件和我们公司的硬件之间的互操作问题。在我们看来，这个问题不难解决，因为无论是我们的硬件还是KAM的软件都是广泛使用的产品，互操作不应该存在大的问题，可能只涉及更换某个软件小版本的问题。但是这个时候我们发现，KAM根本不配合，百般催促也不派出工程师进行测试。最后，干脆出了一个官方说明：KAM容灾软件与我公司硬件不兼容。

这个说明一出来，就意味着新的容灾系统里不能更换使用我公司的硬件。如果非要使用我公司的硬件，那就得把容灾软件一起换掉。这一下大家都就看出KAM的策略了，他们在使用“强攻-威逼”战术，用技术因素逼客户就范。而且KAM出了正式的说明，用户也没法找其他公司来解决这些问题了。即便是找其他公司来做，以后真有了问题，谁来承担责任？

这样一来，客户如果想在容灾系统中扩容，使用我们的硬件，就必须把KAM软件换掉。前面说过，KAM的容灾在客户的系统里多处使用，要想整体换掉是非常困难的，工作量太大，而且客户要承担比较大的技术风险。KAM的这一招威逼战术非常狠。有胆量，你软件硬件一起换呀！看你们谁有这个胆子，谁有这个本事？

KAM是狠，但是我比他们更狠！我要换KAM的容灾软件，至少部分换掉。虽然这个看起来又是一个不可能的任务，别人没有这个勇气去做。我有！

经过和客户里面的同盟者一起商议，客户给了我们一个好建议：在新系统中换掉KAM的容灾软件，但是其他老系统中还维持使用KAM的软件。这种局部更换软件的做法是比较容易让人接受的。但是这种做法需要测试老系统的KAM容灾软件和新系统中我们的容灾软件的兼容性。要做这个测试也不是很容易，首先KAM是不会配合的，如果逼KAM做，他们肯定又会出一个官方不兼容说明，搞得完全没有了回旋余地。必须找个其他熟悉KAM软件的、在客户这边有一定公信力的公司来测试。最有可能的，就是找KAM的现场运维代理公司，他们负责在客户这边进行系统维护，他们很了解KAM的软件，同时也很了解客户的信息系统，是非常合适来做这个互操作测试的人选。

KAM的代理公司和KAM的关系非常好，他们和KAM是同一个阵营的，当然不可能情愿来帮这个忙。但是碍于用户的强烈要求，他们还是答应帮忙来做一次技术测试，以验证两种软件是否兼容。

当然，KAM的现场运维代理是不情愿来做这个测试的，甚至他们在操作中作假也是有可能的。还好，客户同意由我们来部署测试环境，由KAM代理的工程师来动手操作。我们对测试环境做了精心的部署，详细安排了测试脚本，在测试时紧紧盯住，经过一个下午的努力，终于完成了所有测试步骤，证明了确实没有问题。当我们欣喜若狂时，我们发现，对方的测试经理拒绝在我们的测试报告上签字。

这个测试经理确实也不是傻子，他明白，他一旦签字，就等于帮助我们打击KAM。而且，如果确实用我们的容灾软件更换了KAM软件，以后如果真的有兼容性问题，他们公司也要承担一定的责任。因此，他坚决拒绝签字，只肯回去向老板和客户口头说明情况。如果非要签字，让我们找他们老板签字。

我当然不同意，他不愿签，他老板定然也不会签，那整个测试就成了一场闹剧。我就拉住这个测试经理，费尽口舌，晓之以理，动之以情，许尽了好处，对方就是不签。最后趁我们不备，他穿上外套就跑了。

一看这个阵势，我们测试团队的同事也傻了。我跟他们大叫一声“等我回来！”然后我外套也没有拿，就追了出去。那是一个异常寒冷的冬日晚上，狂风凛冽，我追上那个测试经理，拽住他，继续进行说服。我告诉他：我绝对不会让他走掉，大不了一起冻死在软件园里！难以想象，在那种寒冬腊月里，我没有穿任何棉外套，我没有感觉到一点寒冷，跟他缠斗了大约3小时，他终于同意回来签字。当我把他拉回办公室时，其实可以说是“挟持”回办公室，测试团队的小伙伴们都惊呆了，测试经理终于在

图 42　寒冬夜里的争斗，我说服了他

测试报告上签字。临走时，那个测试经理对我说“你不要命的态度震撼了我！”

我最后的坚持，也是“强攻-震撼”战术的运用。最终，我用一种不要命的态度，打败了他的意志，从而赢得了项目。

感化战术

如果说“强攻战术”是一种激烈对抗的战术，考验的是一种意志力、胆量和魄力，那么“感化”战术就是另一种以柔克刚、柔中带刚、水滴石穿的“慢”战术，一种以情动人的战术。感化战术更加考验人的耐心。感化战术又分为“磨”“投其所好”两种子战术。

首先看看“磨战术”。“磨”，顾名思义，就是使劲地磨，软磨硬泡，以从感情上打动别人；古人有“只要功夫深，铁棒磨成针”的故事，是“磨”战术最好的解读。磨的过程很缓慢，是一个潜移默化的过程，可能你没有感觉，但是你每磨一次，都在多一分影响，都有一定的量变，时间长了，就会形成质变，变成很大的力量。实践中，使用“磨”战术需要极大的耐心。

“投其所好战术”：投其所好，找到其死穴，用最有效的方法去打动他。如果您在“磨”的过程中，能找到对方的喜好，摸清对方的脾气，那么您就能加快这个过程，使质变来得更快一些。这个战术，和上面的“磨”战术，常常结合起来运用。

现实中，感化战术被运用得特别普遍。人们会自然而然地去运用这个战术。很多人往往运用这个战术不够彻底，容易半途而废。另外一个问题是有时人们会不敢运用这个战术，特别是遇到强大的对象时。

所谓不够彻底，是指缺乏坚持的精神。我在工作中多次遇到客户的一些领导对我们没有好感、不愿意和我们打交道的情况，甚至遇到非常讨厌我们的情况。这个时候，如果想用“磨”的方式拿下他，就必须拿出“愚公移山”的劲头，想尽办法与其接触，时间长了，对方的态度也就慢慢软化了。有时，这个时间可能很漫长。我有一次为了软化一个客户的领导，差不多用了两年的时间。这期间，绝大部分时间这个领导对我的态度都很不好，甚至带有羞辱性，然而我坚持住了！最后，我得到了这个领导的认可。也许有一句话可以生动地描述这个过程：那就是“客户虐我千百遍，我待客户如初恋”。

另外一个问题是“勇气”问题。有时，我们需要去搞定对方一个高层领导，而这个人恰好又极度不喜欢我们，但又没有别的方法可以去打动这个领导。这时，就很需要勇气了！不要怕，对方也是人，不要退缩，人心都是肉长的，你会打动他的。我在工作中也常常遇到这种情况，对方位高权重，很多时候，给他打个电话的勇气都没有，有时在打电话之前要踌躇好一阵子。后来我发明了一个办法来克服这种畏惧心理，就是泡一杯原味（非常苦的）拿铁咖啡，喝了咖啡之后，趁着那个兴奋劲去打电话，果然收到了很好的效果。有一句老话叫“酒壮怂人胆”，真是非常有道理。

使用“磨”的战术，不能光有坚持和勇气，还要有判断。意思是在坚持的同时，你要做出判断，这么做是否值得，是否能得到回报。对将来的远景有一个切实的判断，认为最后是可以达到目标的，你才去坚持，否则，请懂得及时“止损”，不要在没有希望的事情或人身上浪费时间和精力，否则就成傻子了。

印象中，我也这么“傻”过几回。下面讲一个案例，来说明由于没有及时分析判断，导致白费了许多功夫。

案例：在利益斗争面前，感化不起作用

有一个项目，客户有两个部门都在负责这个项目，分别是生产部和信息中心（这种情况在中国国企非常常见），而且这两个部门矛盾很大（这就更常见了，他们之间会争夺项目的主导权）。在这里做项目要非常小心，努力和两边都保持好关系，以免他们之间的矛盾影响到我们的项目。

本来项目投标、实施都很顺利，在验收时出了问题。生产部验收没有问题，但是信息中心主管我们项目的应用部以招标文档不完整为由，不予验收。这个应用部的领导非常强势，反复沟通做工作都不行，甚至生产部出面背书都不行，态度十分坚决。后来就找到信息中心主任，同样做了很多工作，让其帮忙放行项目。然而“人心都是肉长的”在这个主任这里仿佛完全不起作用，无论怎么样都不予放行。从侧面打听，此主任反而在内部会议表扬应用部的部长坚持原则，有瑕疵的项目坚决拦住不予放行，认为他做得好。直到这个客户内部机构调整，此信息主任下台，项目才得以验收通过。

为什么会出现这种情况呢？原来问题就出在生产部的支持上。两个部门的矛盾确实是到了刻骨铭心的地步，信息中心主任

图 43　客户的实际心理与你想象的不同

一直就处心积虑地想办法拆生产部的台。发现了一点小问题，总算是有机会去打击生产部了，怎么会轻易放过？而这个问题，我们没有分析清楚，以为靠着“初恋”般的关怀可以打动这个信息中心主任呢。下了很大的功夫去磨他，却完全没有结果。这个案例告诉我们，如果存在着利益的纠纷或者是结构上的矛盾，就不要试图去感化别人了，策略上就错了。

使用感化战术除了要注意判断以外，还要注意方法。如何磨呢？往往要想出一些办法来，从而更快地打动别人。

诱惑战术

让我们来看一个使用“诱惑”战术的例子。

案例：成功说服我们的支持者，让他坚决地排除杂音支持我们

这个案例的客户叫盛世集团，同样也是一个大型国企，是大家争夺的对象，竞争非常激烈。这个客户与信息化项目有关的部门有两个，一个叫“规划处”，是负责信息化项目计划、审批的部门，同时，他们还有一个下属单位，叫“信息通信公司”，是具体负责其整个企业的信息系统建设、运维的公司。两个单位或部门，一个是规划，一个是实施。在实际项目招标中，两边经常有不同的意见。这种情况在中国的国企中相当普遍，现在有许多国企都是这样，在母公司内部有一个职能部门，负责规划审批信息

化项目，同时，又有一个搞信息化的下属公司，给母公司实施和运维信息系统。这两个公司经常会争夺项目建设的主导权。

我这个客户也不例外，当时，这个客户分管信息化建设的是一个副总经理（杨总），算是决策人，另外还有两个主要的评估人，一个是规划处的赵副处长，还有一个是信息通信公司的齐总经理。

这个杨副总经理本人很少参与项目，他主要是听取下面这个赵副处长和那个齐总经理的意见，所以，我们在这两个评估人身上下了很大的功夫。结果，规划处的赵副处长比较认可我们，而信息通信公司的齐总就不那么支持我们了。从侧面了解到，他不太认可我们产品的技术方向，认为我们产品的技术路线不是未来的趋势。

当时我们和对手的技术路线之争主要体现在如何提高系统的可靠性上。我们推出的是集群技术，使用大量廉价硬件的集群来提升整个系统的可靠性；而对手推出的是高档小型机技术，使用少量的高可用性硬件来提升可靠性。这是两种不同的技术路线。在技术趋势的研判上，赵副处长和齐总经理的看法正好相反。赵副处长就认为我们的技术将是未来的趋势。在趋势之争的重大问题上，两个人谁也说服不了谁，形成了僵局。作为决策人的杨副总也难以下决定。

长期在技术路线上僵持下去绝非好事，根本决不出胜负。我精心准备了一套理由，与赵副处长深谈了一次。

我这次没有与他谈技术趋势，我这次与他谈政治。

“赵处，您这次必须要让最后的招标方案按照您的意思来，绝对不能按照别人的意思来！”

“是吗？也不一定吧，用谁的技术方案都可以，关键是看谁的方案更好，现在难以确认啊。”

“赵哥，您错了！现在已经不是技术问题了，我觉得不管最终谁的判断正确，您现在都得力压别人，按照您的想法来！”

“为什么呢？万一我的判断错了呢？”

“即使是判断错了，也得按照您的意思来，您必须赌一次。因为您现在是副处长，您需要立威，以后才能在信息化建设中起主导作用。如果您这次坚持对了，就很有成绩，下一步就比较容易升处长，否则，您将没有什么表现，可能逐渐在信息化建设中没有话语权，也不容易有所表现，从而难以得到升迁的机会！”

“嗯……”

赵副处长陷入了沉思。

谈过以后，赵副处长果然变得十分强硬，主导项目的技术方案，最终选择了我们的产品。在项目完成之后不久的大半年中，随着小型机市场的崩溃，市场完全支持了我们的技术路线，从而使赵副处长在单位里获得了巨大的声誉，彻底夺得了信息化建设的主导权，不久就把“副”字去掉了。

这个案例是一个“诱惑战术”的运用。在双方胶着的时候，我们用政治的方法说服了一方，下定决心来反对他的对手，支持我们，取得了成功。

反观赵处长呢？他其实也祭出了一个常用的求胜招数，那就是“赌”，因为如果不赌，他自己也难有升迁机会。所以，他被我诱惑地下了决心，赌一次自己的判断，赌一次自己的前程。我做对了，他也赌对了。

威吓战术

威吓战术是一种让别人“怕”的战术。威吓战术也有一些子战术，比如“狐假虎威”战术、“把柄”战术以及“虚张声势”战术等。“狐假虎威”战术，本质上是巧借某个人的影响力来扩大自己的影响，由于别人看不清楚自己，别人误以为你认识某个大领导而被唬住了，“宁可信其有，不可信其无”，从而巧妙地扩大了自己的影响力。“把柄”战术，顾名思义，抓住别人的把柄，逼别人就范。而“虚张声势”则是故意制造假象，让别人误以为你有很强的实力，让别人觉得胜算无望，从而达到“吓阻”的效果。

在心理学上，我们分析过，人与人之间的感情对人的决策有一定影响。不过，不同的感情程度对人的影响力也是不同的。其中有几种感情因素具有较大的强制力，这就是爱、恨、怕这三种感情。在销售业务实践中，你肯定不能让客户“恨”你。最好让客户“爱”上你，不过这个很难，能做到让客户“喜欢”还算容易的，让客户“爱”是很难的。如果做不到别人爱你，也做不到让别人喜欢你，那么就想办法，让别人怕你！“怕”也是很有强制力的一种因素，甚至比“爱”还管用。

下面我们来看一个案例，看看如何使用威吓战术，让客户“怕”了你，从而让别人不得不支持你。

> 做不到让别人爱上你，就想办法让别人怕你，但是，千万不能让别人恨你！

第四章中，我们介绍了一个大型食品类国企建设数据中心系统的案例（案例二）。之前是从博弈分析的角度来介绍如何使用量化的方法分析局面的，这里我们从战术的角度来分析一下这个项目。

从战术的角度看，这个项目实际上使用了“狐假虎威”战术。

在这个项目中，一开始我们的局面不是太好。这个项目的决策者是集团公司分管信息化的副总经理李总，此人不懂技术，在实际项目中比较依赖其手下信息中心主任杨主任。由于李总管的事情比较多，又比较信任杨主任，所以杨主任实际担任着信息化项目“准决策者”的角色，就是我们所说的主要评估人。另外一个评估人是采购部的刘经理，他本来和杨主任是平级的，但是由于杨主任的强势，他就弱势一些。

从决策链的分析上容易看出，这个项目最关键的就是这个主要评估人杨主任。很不幸，由于长期使用竞争对手Data Logic的产品并且使用体验良好，另外再加上一些私人原因，杨主任和我们的竞争对手关系非常好，基本上不给予我们机会。这个时候我们就不得不从他的老板李总身上下功夫了，我们不需要和他有太好的关系（短时间也做不到），我们可以伪装成和他关系很好的样子。比如技巧性地让李总帮我们垫句话，去拜访杨主任时一定要去敲敲李总的门，等等。这些动作让杨主任不辨真伪，他就不敢明显帮助Data Logic公司了，他怕万一我们和他老板关系好呢？用这个办法，我们慢慢地就找到了机会，扳平了局面。

“把柄”战术也是常用战术之一。有一个案子让我印象很深。这个案子发生在我和一个同事之间，在一个项目中，我希望关照我的一个朋友，然而一个同事（他在这个项目中也有一定的发言权）不同意，这个同事是一个女生，拉拢不了关系。拉拢不了，就想怎么去威吓她了，我就分析她所做的项目订单中有没有违规的行为，结果一通细查，真查出了违规项目。我把证据做实之后就去找她，她马上就服软了。

“虚张声势”是另一个常用战术。我经常碰到这样的代理商，他们为了在某一个项目中获得我们的独家授权支持，会过来说自己和客户的关系有多好，客户会支持他们做项目，只有与他们合作，客户才会选用我们的产品。有时，真伪不辨的时候，我们也会选择相信他们的话，独家支持他们一下。最后在与客户的沟通中发现，客户其实是因为我们产品的原因支持这个代理商的。我曾经认识过一个朋友，这个人“虚张声势”这一招玩得非常到位，他过来声称和客户高层关系很好，要求给我们做“枪手”，其实，他和我们的竞争对手也同样地谈合作，也做他们的“枪手”，这样一来，无论谁赢，他都可以分成。

其他战术

以上详细探讨了一组常用的高级战术，实际上还有很多战术无法在这里仔细讲述，这里简单介绍一下，供大家参考。

赌：赌，也是极其重要的战术。在你没有啥可输的时候，或者，输不会输得太多、而赢可能赢得非常多的时候，尤其适合这种战术。销售人员得有一点“赌”的意识。不敢赌，是不会有什么大作为的。我们前面介绍的盛世集团的案例中，赵副处长冒险立挺我们，是在“赌”。如果他不赌这一次，就很难找到提升的机会。

局：布局设套让别人往里钻！做局是需要眼光和谋略的。中国古代的战役中，有很多对布局战术的成功运用，“马陵之战”是其中的经典之作。

布局设套战术在现代商战中运用得非常多。比如我们和用户一起设套，诱导竞争对手报出超出项目实际需求并且高价的产品，从而击败竞争对手；或者我们为了获得某些信息或利益，给其他人设套，从而套取所需要的信息或利益等。如果您没有上过别人的套，说明您才刚刚开始，远远没有接触到业务实质；如果您没有给别人设过套，说明您还差得很远，远远没有体会到什么是谋略。

借：是指借用别人的资源。比如笔者曾经碰到一位朋友，他说他是某领导的秘书，与我们一个圈子的人关系都不错，有人有些难事托他办，他也给办到了，同时，他有些事情委托别人帮忙，大家也给办了。后来，有机会碰到这位领导以及这位领导的一些下属，细问之下才发现他们根本就不认识此人。可为什么大家都相信他了呢？他正是借用这些不同人的资源，来引证自己的身份。

抬：是指拉抬价格的战术。在竞争中，布置一个假的竞争对手，其实是自己人，共同拉抬价格。比如，在一个小镇上，有两家理发店展开了激烈的竞争，两家为了争夺客人，各出奇招。其实呢，两家理发店的老板是兄弟两个，竞争也是假象，让人们觉得他们的价格很公道，其实私下都是安排好的，两边互相抬举。我们平时在投标中，也会使用这个手段，与另一个竞争对手结成联盟，共同营造虚假竞争的局面，从而拉抬价格。

对：就是针锋相对的意思，根据敌我实力对比选择恰当的策略。比如，当敌我双方有较大的实力差距时，最通常的策略选择包括：激进策略、保守策略、跟随策略。在竞争中，如果一方比较强势，其往往会采用较为保守的策略，而对于落后者呢，往往就必须采用较为激进的策略才能有机会。比如在招标中，一看对方产品、市场以及关系都很强，怎么办？直接杀出超低价格，就有可能冲掉别人的优势。 而此时强者一方适合采取什么策略呢？强者宜采用跟随策略。当一个强者领先时，采用跟随弱者的战略，是最容易成功的。因为落后者一定会想办法出奇兵，这时，只要跟着落后者跑，就能确保一直领先。博弈论中的“效仿第二名”讲的就是这个道理。

托：一个人控制几个方面的战术，看似在竞争中有好几个竞标方，其实都是你一个人在控制。比如在一个案子中，我们和其中的主管领导很熟悉，他很希望我们能中标此项目，但是我们在商务资质以及产品的技术上不符合要求，正式的评标这关肯定过不去。我们就去把所有符合商务和技术要求的公司都找过来，一一谈了合作协议，由我方提供顾问服务，协助其中标。这样不管谁中标，结果我们都得利，这就是一托多的战术。很多时候，业务人员和某个客户的关系非常好，但是自己没有合适的产品去卖，就可以用这个战术，充分利用自己的人际关系资源。

专：我有一位老领导，此人熟读各种古代兵书，深谙人情世故，非常精于各种战术。有一次，我请教他，各种战术里面，哪个战术最重要？没有想到的是，他告诉我，其实各种战术里面，“专”是其中最重要的一条。只有异常的专注，才能坚持下去，才能极尽可能去想办法，才能做到常人难以想象的事情，只有异常地专注，才能打动别人。在业务领域里，“专”就是根本，只有足够专注了，才能生出众多的套路和办法，最后取得胜利。

结　语

当我写完本书最后一个字时，不禁百感交集。一本写了十几年的书，终于完工了。

实际上，当我开始做销售业务的时候，我就开始写这本书了。那时，我对销售业务还非常不懂，刚刚开始摸索着做业务，老板经常会跟我讲解做业务的方法，同时也讲很多做人、做事的基本道理。我每一次都仔细地记下老板讲的东西，然后仔细揣摩，加以运用和验证。当时，我的老板是一个风趣幽默又接地气的人，他经常用一些有趣生动的话，把一些规律性的东西精辟地表达出来，令我印象深刻。比如有一次，我去拜访客户，和客户一起喝了一顿大酒，醒来时已经是第二天了。老板问起，客户的项目情况清楚了吗？项目预算是多少？项目的竞争对手是谁？我一点也说不清楚，昨天只顾着喝酒了，忘记问客户项目情况了。这时，老板给了我一句话，叫“贼不走空”。说的是作为业务人员去见客户时，要时刻记住自己的目标。不能光顾着喝酒，而忘记了自己的任务是了解重要信息，不能空手而归。“贼不走空”这简单的四个字，让我印象深刻。此后，无论做什么事情，我都牢记自己的目标是什么，时刻不忘记自己的目标，防止不重要的事情分散自己的注意力。

这样的指导有很多，我也记下了许多有价值又简短的金玉良言。与实践相结合，它们逐步成为指导我平时工作的黄金法则。这些黄金法则都体现在这本书里，与具体的案例融合在一起，希望能带给读者启发。

除了记录老板的指导，在项目失败时、成功时，或者在项目遇到困难时，我都会勤于记录、分析和总结。比如，在“五次反剿”这个案例中，项目多次陷入困境，每次都是依靠自己绝不放弃的韧性和冷静的分析，在夹缝中找到一丝机会，从而能继续坚持下去，几经反复，最终找到了取胜之道。在这个过程中，由于我进行了详细的记录，使得我可以详细地回顾当时的过程，每次回顾，我都有新的感悟。在这个案例里，我觉得两个原则使得我受益终身：一个是坚持，坚决不肯放弃的韧性，使得我面临绝境的时候，没有放弃，而是继续想办法，最终找到了解决之道；还有一个就是面临绝境的冷静，在绝境中，我没有放弃，也不是盲